LET'S MOTIVATE OUR PEOPLE!

·············

J.R. Román

EDITORIAL
Vida

HACIA UN NUEVO MILENIO

© 1999 EDITORIAL VIDA
Miami, Florida 33166-4665

Translation: *Orville Swindoll*

Interior design: *Word for the World, Inc.*

Cover design: *Gustavo A. Camacho*

ISBN 0-8297-2170-3

Category: *Motivation*

Printed in the United States of America

99 00 01 02 03 04 05 ❖ 7 6 5 4 3 2 1

CONTENTS

INTRODUCTION

For the past twenty years J.R. Roman has dedicated himself to the study of human character, attending hundreds of seminars, listening to cassettes and reading books by specialists in the development of human resources. He has been contracted by hundreds of companies in the United States, Puerto Rico and Latin America, and has trained over 250,000 people to change their attitudes and establish goals, awakening the sleeping giant that is within each one.

He affirms: "Nothing gives me greater satisfaction than to be able to help people discover their talent, abilities and dreams that lie dormant within them. On the whole, people have not been taught to discover the giant that lives within them."

Roman is the president of *Hispanic Business Networking*, an organization that coordinates business activities in the state of Florida, through a Hispanic network that unites over six hundred fifty thousand merchants and professionals in the United States. He is the producer of the radio and television program *Nuestra Gente* [Our people], which provides orientation to the Hispanic community in the development of a higher quality of life in the United States, identifying opportunities and available resources.

J.R. Roman has served as president of the Christian Business Men's Fellowship in San Juan, Puerto Rico and in the city of Orlando, Florida, an organization of over a million members in more than 134 countries.

His message is clear. He points out that we are the architects and designers of our lives. Our future will be the result of the decisions we make today. Sow large dreams, and you will reap great results!

1

YOUR INDIVIDUAL ABILITIES

I consider that the human being is the greatest miracle and the greatest creation in the world. You have been made in God's image and I want you to know that nothing on earth is more important than you. Among the almost six billion inhabitants on planet Earth no one is like you.

I want to reach into the depths of your heart. I want you to know that I have no other purpose than to touch the deepest fibers of your being in order to challenge you to learn and to recognize the potential God has given you, the potential that is asleep within you. It can be described as a sleeping giant that wants to conquer a life that is rich in experiences, satisfactions and happiness.

The beautiful things we possess cannot be measured as simply material possessions: an automobile, your own home, lovely clothes. We need to measure these things as resources that everyone has and is able to develop and use in order to enjoy success in life. As we direct our attention toward a person we are able to communicate, think, look and speak. This ability has an extraordinary worth. Think of your eyes, for instance. Sight is the greatest television in the world. Our eyes have about a hundred thousand reflecting cells that enable us to see everything in full color. It took man about sixty years to make color television.

However, from the very first day of our lives we have seen everything in living color.

Imagine how your life would be if you were unable to see. No doubt it would be a very great loss if you were unable to see the persons around you. Psychologists tell us that our eyes are the mirror of our soul. Through our eyes we communicate to others the love we have within; the same is true with anger. With a simple frown we are able to communicate disgust when facing an unexpected situation.

The color of your eyes do not matter; they may be blue, green or brown. What is important is that they can see. I invite you to arise every morning and look at the sun, the plants, the good people around you, and you will see that there is something wonderful beyond what is seen on the surface.

Besides our eyes, we have ears. Our ears detect the faintest sounds, as the buzzing of a mosquito. There are 24,000 filaments that enable us to perceive sounds. But we not only listen to a single sound at a time; we are able to hear many sounds simultaneously.

Our ears have several auditory canals. With those canals we are able to listen to sirens of a fire truck or the sounds of the television or radio. We can hear someone speaking to us on the telephone and we are able to selectively listen to whatever interests us the most or grabs our attention.

This is a potential of incalculable worth which a human being has from the time he is born, but which we may not value or utilize efficiently. If you were deaf you would appreciate the tremendous advantage that accompanies the ability to perceive so many sounds.

Let me suggest an exercise to increase your hearing capacity. Set aside a minute each day to listen to noises and you will notice your hearing capacity increasing.

You have the ability to speak an average of 150 words per minute. But you can understand almost 700 words per minute. This means that your hearing ability is about seven or eight times greater than your ability to speak. Think of it! Your hearing ability is four or five times greater than your ability to communicate with your lips.

Let's consider the respiratory system. Breathing is a wonderful thing. Especially when you are walking on the beach and the waves are splashing against your feet. It is also wonderful to walk through a park and smell the delicious fragrance of pine. When you take a walk, breathe deeply. It is the spice of life!

When we breathe we use about 2,400 gallons of oxygen. I have not paid a cent for the oxygen that I have breathed over the last forty years, and neither have you. It is one of God's blessings that we receive free of charge.

Oxygen is one of the elements that keeps us alive. Your two lungs are functioning right now, and they have been functioning throughout your life since birth. I invite you to take two minutes a day to breathe deeply and thank God for that gift that keeps you alive. Inhale and exhale quietly through your mouth. It will help to strengthen your emotions and to relax you.

Another great miracle is the little pump that moves about six to seven million gallons of blood throughout your system. I refer to your heart. That pump functions twenty four hours a day. If your heart stops working, it's all over! That's the end! The heart has an immense worth.

Keep observing and look at your digestive system. Imagine it as if you were looking at a specimen in the biological laboratory in an anatomy class in the university. The digestive system contains hundreds of yards of intestines. As a system it eliminates everything that is not needed by the body and uses all that is good. How wonderful! If we had to build such a highly specialized laboratory it would cost millions of dollars. Only God knows its true worth.

Did you know that you have 208 bones, 500 muscles and 7,000 nerves? You have observed that your entire body is protected by the skin, right? That is extremely important. I invite you to go out for a fifteen minute walk every day. Breathe. Move that remarkable body that God has given you and your circulation will be perfect. Physical exercise will make you feel stronger and more relaxed, besides controlling your cholesterol.

If you continue to observe all that you have, you will notice your ability to think. Your brain —your mind— is a machine that weighs only about 3-1/2 pounds and is composed of some ten billion cells that regulate your nervous system. Your brain enables you to think and to accumulate ideas and experiences. Do you realize that you have over two hundred thousand hours of material recorded in your mind?

I recently read that in order to equal the capacity of our mind it would be necessary to have a very large building full of computers. That means that the architect that designed our mind did a very good job! In a very small space, in our mind, is accumulated the entire history of our life.

Since before you were born, since you were in your mother's womb, you began to receive information. When you were born you began to record what was happening and had the opportunity to relate to your family and the community around you, as well as to accumulate other experiences.

Those experiences, those thoughts, provide you with a frame of reference, beliefs and abilities that develop your character. All those experiences are stored in your mind. We can compare the brain to a video cassette. Right now you can remember the day when you were given your first bicycle, or your first doll, or the first time you took a trip, or when you won a prize for your athletic prowess. All the experiences of your childhood are stored there and can be remembered.

Psychologists tell us that in the first five years of life, in the first 43,800 hours, each human being develops a certain number of experiences that become the foundation of his or her character. We are told that 62% of a person's character has a direct relationship with what he thought, lived and learned in his childhood. This means that the first five years of life are very important in developing good habits, concepts, beliefs, references and positive attitudes. What you see in your family and the things that surround you make an impact on the way you think and on your character, whether positive or negative.

As human beings we not only have the ability to remember when we were five or six years old, we can also remember when we graduated from high school; we remember when we studied in the university and when we took our first job. Those who are married remember their courtship and wedding.

A person who participated in one of my seminars told me of the day when he got married, which he remembered with great affection. It was a Saturday morning, about 9 AM, thirty years earlier. He had been married 10,950 days to the same person and he vividly remembered standing before the minister that performed the ceremony. He remembered the covenant he made before God and his spouse to the effect that he would be faithful to her as long as he should live. Even though that covenant was made thirty years ago, it is recorded in his mind and he remembers it as though it were yesterday. That confirms that we really have the ability to remember our experiences, whether positive or negative.

In a conference where I spoke to a group of business women, I tried to see whether they had the same ability of that gentleman who had been married thirty years. I asked them if any of them remembered the days their first child was born. Many raised their hands. I then asked one of them what she felt when her child was brought to her for the first time and she was able to embrace it and hold it tight. She laughed. At first I thought it was a joke; but she blushed and tears began rolling down her cheeks. In a matter of seconds she was able to see that little baby that today probably is sixteen or seventeen years of age. The arrival of the first child was full of hope; it was a gift from God. She remembered the occasion when she became a mother; when she was joined to that team of victorious mothers who have been blessed with the ability to procreate.

The happy times we have had constitute our memories for the future.

For that lady, the birth of her child was one of the most beautiful experiences of her life. It was a great moment when they brought her that little bundle of life, which had been a part of her body. She said: "That child is a part of me. Even though he is now a youth, he is a part of my life, part of my being. The love I feel for him is different from the love I feel for my husband, or the love I feel toward my family; it is the love of God."

I use these examples to illustrate that you have the ability to store experiences and thoughts and to remember wonderful things.

When I begin to think of the wonderful things I have, I see that God has blessed me greatly. Not only on the professional and family level —involving my wife, my children and my business— but also because he has given me the opportunity to know him and to serve him.

The happy times we have had constitute our memories for the future. But our ability is not limited to remembering what has happened in the past; we also have the ability to plan and imagine what will happen in the future. Personally, I have a goal to accomplish over the next few years. My purpose is to communicate to our people a message of revitalization, of renewal and of a change in our attitudes. I want to bear a message of a change of habits and a message of hope.

I want to give to you the message that you have a right to be happy; that you have the right to plan your life; that you have the right to conquer the future. It is your responsibility, before your family and before God, to conquer all that belongs to you.

This book is presented with that goal in mind. I want thousands of people to receive this message, so they can understand the worth of their future and make their way clear for a life of greater success. I want to contribute to improving the quality of life of every person that is committed to being a citizen of excellence, a father or mother of excellence, an excellent companion where he works. I want to see the more than three hundred million Hispanics in Latin America committed to giving the best they can, and to become first-class citizens.

A country's greatness is not determined by its geographical size nor by its economic resources. A country is great when its inhabitants are united behind worthwhile objectives and are committed to contributing to the strength and growth of their families and their people.

When you begin to search within yourself for the answer to your life you will realize one thing: that you are the architect of the future of your life. You are the designer, the principal artist of the picture of your life. You are the author, and at times you will have to write with tears, with aches and pains, with sacrifice; but the book is yours; it is the history of your life.

You must understand that you are the person responsible for the future of your life. Lift up your head and say: "I must begin to produce more". We must use what God has given us so as to share it with our people.

I am not talking about money or possessions. For instance, I believe that with a smile, just a smile, we can provide a genuine stimulus to many people. That smile may strengthen them in times of anguish or desperation, and give them the opportunity to evaluate what they are about to do. That smile tells them that there are still people that love and respect them.

I encourage you to stand in front of your mirror and smile for a minute at least three times a day. I assure you that it will improve your self-image and will leave you feeling wonderfully relaxed.

Simple contributions, such as a motivating word or a positive reinforcement, are worth more than millions of dollars. I have experienced this on many occasions.

Simple contributions, such as a motivating word or a positive reinforcement, are worth more than thousands of dollars.

We must understand that we need to plan what we are going to do in the years ahead; but not just plan in word only. I believe that serious planning includes the need to evaluate and write down what you want to accomplish. Are you doing well spiritually? Do you have a good relation with God? Are you meeting your spiritual needs?

Your nervous system, your body and your soul require that you give importance to the spiritual aspect of your life. We sometimes think that by going to church once or twice a year that we have satisfied our spiritual needs. I want to help you to think more seriously about this matter. Your spiritual life is closely related to your emotional health. How are you doing in the professional, economic and family matters of your life? You should evaluate all the areas of your life. See how you can improve when you concentrate on being more efficient. Start to imagine and picture this in your mind with the same clarity that enables you to remember what happened fifteen years ago. In the same way you can begin to see what is going to happen in the next fifteen years. When you begin to see that, you will develop the determination and perseverance needed to conquer what belongs to you.

God has given you that potential to use, and to enjoy life in a fuller and richer way. The more you use that potential, the more you will enjoy life. You will begin to see the flowers, trees, beaches, the sky, people and children in a different way, since your concept of things is being modified. You will see that wherever you go, God is there. You will see that your inner being begins to reflect the potential that lies within you.

When I look at a child, I see the handiwork of God. When I see an older person, I also see the hand of God. When I think of you, dear reader, I see you as the greatest miracle in this world.

I would like to see you join with us and begin to talk with your family and associates and tell them they too can triumph; they have the right to be happy and to conquer the future. Ask them: "When are you going to begin to appropriate your right, to develop your potential to enjoy the life God has given you?" Begin right now and I assure you that it will make today seem like the first day of your life. I am convinced that this book is going to open your mind; it will open your spirit. Simple things that I am going to mention will make an impact on you. You will reevaluate your strategies, your objectives, your dreams and your vision.

Arise out of your slumber, for we are destined to triumph! Arise, because you as the architect and designer of the future of your life are responsible to pay the price for success! The cost must be paid at the outset and you will pay as you work!

2

PLAN YOUR FUTURE

Planning for the future is a most important subject. I know hundreds of people who did not plan their future efficiently and are now facing serious problems. Unfortunately, they don't have much time left to solve their problems since they are already advanced in years. I also know many young people who have not planned their life and are also facing many problems.

Planning is the ability to bring the future into the present. It is an essential element to guarantee favorable results in life.

In any company, planning is a vital element to assure growth of the organization, both in a general way and in individual lives. To me, planning is the ability to visualize the future in the present and to develop a plan of action in order to achieve the goals that are desired.

We know that improvisation is the exact opposite of planning. Unfortunately, improvisation is today's standard. I am constantly in touch with people who are unable to tell me what they are going to do over the next few years. They don't know what they will do in the next decade, nor even in the next year. An improvised life brings improvised results, which are usually not the best.

I understand that planning is an indispensable element for any person who hopes to be successful in life, and my objective is to help others to achieve what they really desire by establishing a positive planning procedure to reach those goals.

In order to plan we must define what we want to accomplish. We must know ourselves. We need to know our potential as well as our weaknesses. We must also know where we want to go and where we are able to go. We need to understand the planning process as writing down our history before it occurs. We can view planning as a map that will help us reach the objective we set before us.

> *Planning is the ability to bring the future into the present. It is an essential element to guarantee favorable results in life.*

Planning for the rest of your life will depend on the interest, the commitment and the desire that you have to develop that future. My purpose is to present to you the possibilities facing a hundred persons of twenty-five years of age that will reach the age of sixty-five. Twenty-nine of them will be poor or destitute. That is very sad.

Each year I visit a large number of cities in the United States, and I see hundreds of people begging in the streets. That means that they will have to depend on the help of their family; but in many cases the family is poorer than they are. Others will have to depend on the government; but the government is committed to decreasing its welfare programs.

Only five persons out of a hundred will wind up with healthy financial results. That is because of faulty economic planning. Often it is a lack of knowledge or a lack of adequate assessment that keeps us from achieving good results. Each person must learn that he is the architect and designer of his own future.

You will reach sixty-five years of age in poverty if you do not begin to plan your finances. In my own case, by the calculations of the social security system in the United

States, when I am ready to retire at sixty-five, which will be in the year 2018, I will need 79,500 dollars per year to live at the same economic level of today; yet the most I can receive from social security payments will be $29,500. This means that I will face a guaranteed deficit of $50,000, and that I must do something now to resolve that situation.

It is very important that we learn to plan for the future. Other data informs us that sixty years of our life are used in the following ways:

24 years are spent sleeping

14 years are spent working

8 years are spent in pleasures and distractions

8 years are spent in the church

6 years are dedicated to education

6 years are spent eating

5 years are spent traveling

4 years are spent in conversation

3 years are spent reading

This gives us a brief idea of the way the average person uses his time.

The secret to planning is to use our resources in conjunction with a visualization of what we want to accomplish. We are often aware that we do not use our time efficiently, so we need to think about the efficient use of our time. That is indispensable if we are to be successful in life.

Statistics tell us that we waste an average of eighteen to twenty-five hours each week. That means a loss of about a thousand hours in a year. In the course of thirty years of work we waste thirty thousand hours of our life.

This waste is evident when we do not achieve the results we desire and when we confess that we do not have time to fulfill our responsibilities. Yet everyone in the world has the same amount of time: twenty-four hours a day. The efficient planning of that time makes it possible to be successful in life.

Many persons have not defined their goals, their objectives and the tasks they need to fulfill. The efficient use of time is the key to achieving the results that are desired. But many of us have not been trained to use our time efficiently.

There are 153 ways that we waste time; this is something we analyze in our seminars on time management. I'm not going to enter into the details of that now, but I will mention some that hinder good planning in your life.

The first of these is *procrastination*. Many are in the habit of postponing things. They leave them for tomorrow; then they are left for the following week; later they are delayed until next month, and sometimes until next year.

If we are to avoid falling into that habit we need to make a serious commitment concerning the objective we have determined and be convinced that there is nothing more important than handling the matter *now*. "Do it now!" Every time you have something to do, repeat: "Do it now!"

When we commit ourselves to do something immediately, we are constantly involved in action, and action is the antidote for procrastination.

Besides procrastination, there are *excuses*. Some people are experts at making excuses, in explaining why they are unable to reach their objectives. It has been said that excuses satisfy only those who make them and weaken the resolve of those who accept them. I assure you that those who become accustomed to making excuses are constantly destroying their character. They do not inspire confidence; they don't take matters seriously; they refuse to accept responsibility; they have no vision.

Excuses are explanations that only satisfy those who make them. We offer excuses in order to justify our incompetence. We may make an excuse today for a justifiable reason; but it is very negative to develop the habit of postponing action, giving excuses and explaining why we are not fulfilling our responsibilities. It means that we are not focusing on the goal and on the objectives we want to achieve.

We need to replace excuses with action, with visualization and giving greater significance to our objectives. If we do not postpone, we will have no need to make excuses.

It is also important to differentiate between what is urgent, what is important and what is vital. When we are able to know what is urgent, what is important and what is vital, we are able to establish priorities. What is urgent cannot be postponed; it must be done now. But perhaps it can be delegated to another person. That which is important must be done; but perhaps we can wait until tomorrow to do it. It is not a case of life or death. What is vital is something you must do now because it is directly related to your goal, your objective.

It is also important to differentiate between what is urgent, what is important and what is vital.

To establish your priorities, first make a list of the things you must do each day. Ask yourself: What cannot be put off until tomorrow, and what can wait until tomorrow? This is a strategy that few persons use and consequently spend their best time on insignificant matters that are neither urgent nor important nor vital.

When priorities are not established, the matters that are important and urgent are lost from sight and do not get done. Many people waste time; they do not know how to efficiently use the hours in a day. I invite you to begin to evaluate the way you are spending your time. What do you do during the day, and what things can you delegate to others? For instance, some years ago, I would go to the post office, make the bank deposits and attend to a number of tasks that were not vital in terms of my objectives and goals. Those tasks I have since delegated to others and I have freed myself from other commitments and activities that bear no direct relation to my goals. I now dedicate that time to activities that are vital.

This is a simple illustration of the way you can use the fifteen or more hours each week that are currently being wasted. I want to make it clear that those who are wasting fifteen hours a week are people that work forty to fifty hours each week. Those that do not have to work obviously have more hours to waste.

If you are a very busy person without enough time to do your job well nor time to plan for the future, you need to stop and, if possible, attend a seminar on how to manage your time. You need to find a way to overcome the things that are consuming and wasting your time, things which in the long run are surely costing you a significant amount of money.

I want to give you a strategy to use your time efficiently. Make a list of everything you have to do in a day. As an example, I make a weekly list and, based on that list, I develop a daily list of the things I must do. I constantly review my weekly list to see if I am achieving my objectives. I also give attention to the things I must leave for the following week. In other words, I establish priorities.

We must always take into account the things that are urgent, important and vital. When we draw up the daily list of things that must be done, we know the direction in which we need to go.

Something else that must be established is a timetable. We must define what is to be done at 8 AM, at noon, at 6 in the evening and at 10 PM. It's good to have the timetable as a guide so that we know what is to be done at a certain time.

Once you have your timetable and the list of things that have to be done it is very important to make a commitment to fulfill those tasks. Constantly evaluate the way you are using your time and how much time is being wasted. I assure you that once you establish your program to evaluate the use of your time you will begin to use it more efficiently and you will thus increase the value of each hour.

During one of the workshops in my seminars, I give the people an opportunity to determine the value of their time. A person that earns $25,000 a year can calculate the cost of his time at $12.50 an hour. The person that earns $50,000 annually calculates the cost of his hours at $25.00. Each one determines the value of his time, develops a chemistry of his commitment and realizes that his time is expensive and can be wasted unnecessarily.

I had a wonderful experience in 1980. I had developed the habit of going out for coffee. I had coffee twice a day: a 10 AM and at 3 PM. I would not go alone; I always invited someone to accompany me. We would spend the time conversing and I would habitually take from an hour to an hour and a half for my coffee.

When I calculated the time spent to have coffee, I realized that I was spending about three hours a day for that, or about fifteen hours each week. That means I spent about sixty hours a month on coffee. When I multiplied that time by $20, which was the value of my time at that point, I could see that I was investing about $1,200 each month to drink coffee, apart from the expense of the coffee which was about 35 cents. In fact, the coffee was costing me about $1,200 each month. I was not using my time efficiently!

In order to use my time efficiently, I should use no more than ten or fifteen minutes for a coffee break. That wasted hour should be spent on something more useful, advantageous or necessary; something more directly related to my objectives.

When we develop an awareness that we should not waste our time, we commit ourselves to identify the activities that are important with a view to fulfilling the vision that motivates us. This is what I invite you to do. Evaluate the way you spend your time and the worth of each hour.

If you are really interested in improving the efficient use of your time, start now. You will never be able to plan your future if you don't plan today, the present time. This is a very simple secret. I repeat: You will never efficiently plan the future if you don't begin to plan the present, and do it now.

If you purpose to plan well for the future, your planning should be completely bound up with your objectives, your goals and the purposes you have in life. As I said before, many people have no idea what they will do in the future. That is only natural, since no one has taught them how to plan; they have not been trained.

To plan well we must begin to visualize and see what we want to do for our country, for our community, for our family.

To plan well we must begin to visualize and see what we want to do for our country, for our community, for our family. The main question is: "What do you want to do with your life?"

When we begin to evaluate what we want to do, we give significance to our lives, and that significance provides motivation and enthusiasm to work so as to reach the goals we have set before us.

We should establish some basic rules so as to clearly define our objectives. First, we must know what we want to accomplish. The goal should be realistic; something that is within our reach. It should be something that truly motivates us to work and to seek alternatives and solutions in order to achieve our dream.

We should also determine a specific date to finish the project. For me, such a deadline has tremendous importance. When we have a commitment to finish a task by a certain day, all our mental, spiritual and physical energy are working together to reach that objective, even before the date that has been determined. The deadline is what commits us to seek solutions and reach the goals that have been set.

A definite goal must be determined, something that we feel in our heart and in our mind is important and has significance for the deadline that has been defined. We must also analyze the obstacles that pose barriers to keep us from reaching the goals that we have proposed. Sometimes the obstacles can be the time, a university degree, money, people, and even the lack of knowledge.

If you have not been able to achieve what you purposed, ask yourself: "Why have I not reached it? What is keeping me from achieving my goal? What can help me?" Some of the reasons may be age, the time frame, the experience (or lack of it). When you identify the obstacles that are keeping you from reaching your objectives and planning for the future, you have already detected the first problem.

Once you have identified the barriers to reaching your objective, then you should evaluate the possible solutions. "How am I going to get the money I need? How can I get the knowledge or information that is needed? What resources are needed to achieve my objective?"

When we begin to see, to think, to seek alternatives, to look for help, the time comes when we begin to see the solutions to the problems that are keeping us from fulfilling our dream. This is most important, because once the obstacle has been identified and a solution considered, the next step is action.

You may have a goal, you may have the money that is needed, you may have the time, you may have all the resources, you may have the knowledge and the solutions for the problems you face; but if you do not develop a plan of action, you will most assuredly fail.

Ninety-five percent of the people fail for lack of perseverance. Perseverance is indispensable. It is the habit of continuing to struggle until you reach your goal. Unfortunately, most of us have not been trained to be persevering.

Many times when we run up against the first obstacle we draw back. This shows us that the more obstacles we have to overcome, the more energy we will need. Often we do not focus our attention on the solutions and therefore are unable to reach the objectives we have set. Always keep in mind that the larger the problem you have to face, the greater the opportunity to utilize your potential. The larger the obstacles, the greater the imagination and creativity that are needed to find solutions.

When you begin to develop that attitude, you will begin to appreciate the situations that involve great responsibilities and great difficulties, circumstances that call for great solutions. The greater the problem, the more ability is required to find a solution. And that means that each time we find a solution we get stronger.

No doubt at some point you have faced a big problem. When you solved it, didn't you feel happy and stronger for having overcome it? That's what happens when you solve your problems. Your confidence, your determination and your vision are strengthened.

You also need to seriously consider the differences between children and adults, between persons that are mature and those who are immature. When there are big problems, those who are mature come out on top, and the children go home and go to sleep, because they do not know how to face the situation.

The larger your goals and objectives, the greater your need to utilize your potential and your ability. Make a list today of the things you want to do: include aspects that are spiritual, physical, emotional, cultural, social, economic and professional. You should make a list of every thing and every dream that you aspire to see fulfilled in your life. Then start to work right away toward the fulfillment of those things.

When I started to make my list, I was not even able to list ten objectives. That gave me a sense of frustration. I realized that I had not been trained to think in terms of goals and objectives. But once I began there was an explosion of dreams within me that had been asleep, hidden, and I saw many things that I wanted to accomplish.

Today I have a list of about three hundred objectives. When I began I didn't know where I wanted to go, but I discovered that every objective uncovers another. My goals have multiplied and have given me a new vision and a new life.

The present is the result of the decisions you made in the past. The future will be the result of the decisions you make today.

Vision is a passport to success. My desire is to help you use the potential that you have the right to use, so as to find your passport to reach your goals and your dreams. That passport will serve as your guide to go through all the stages of your life until you achieve success that you have a right to experience and that you are responsible to conquer.

Once you evaluate your dreams and the goals you want to reach, sit down under a tree, go for a walk on the beach, scale a mountain and look to the future with confidence, while asking yourself: "What do I want to accomplish in the next five years? Over the next sixty months, what would I like to achieve in life?" Start to visualize it and you will soon have a list of goals that you have a right to reach and conquer.

Great dreams are fulfilled when people make the determination to reach them. I believe that you have that right, that ability, that potential; but I cannot do it for you, because you are the architect and designer of the future of your life. As the one responsible for your future, it is your job to begin to write the history of your life. I hope you will write it with letters of gold. Then when you sit down to read it to your children and grandchildren, I assure you that you will feel pride. You paid the price for that success, a price that has to be paid in cash and at the beginning, a price that is paid with your own work. You will be a living example of the meaning of success. Your children, your grandchildren and your people will feel proud of you because you did the work that God gave you to do.

The present is the result of the decisions you made in the past. The future will be the result of the decisions you make today. The decisions you make today will have an impact on your life; they will enable you to transform the invisible into the visible.

I urge you to begin to work to reach your goals. You are the most important person on planet Earth. Among the nearly six billion people that live on this planet, there is no one just like you. I assure you that the peace, the joy and the tranquility that you will feel cannot be purchased in any pharmacy or supermarket. You will be able to say to your family: "I am happy because I know where I am headed; I feel content because I know what I want to achieve in my life." The day that you see the fulfillment of your dreams, you will thank God that he gave you the opportunity to be happy.

3

RENEW YOUR THOUGHTS

The secret of a successful person is the ability to constantly renew one's thoughts.

Every child is born without teeth and often without hair. We observe the renewal of that child as it develops and begins to grow. Until two years of age there is a remarkable development; at age seven the child is strong. We continue to see growth in adolescence, at fifteen to seventeen years of age. It is amazing to see children grow, right? At times, when I do not see my nephews and nieces for several years, I find I hardly recognize them.

A person continues to be renewed, changing physically, in the same way his attitudes and thoughts are renewed. Your needs and your thought patterns at seven years of age were significantly different than when you reached the age of seventeen. And at fifty years of age we think differently than we did at twenty five.

It is important to remember that we have the ability to think, to create and to reason; this is a wonderful innate capacity that we all possess. Of all the living creatures that inhabit the earth, humans are the only ones with the God-given ability to think, imagine, create and reason. Many times that ability is not used efficiently, since most of us have been negatively conditioned. When a child is born, his family normally determines the way he is conditioned. Remember how you were taught when you were small?

"Johnny, don't cross the street."

"Don't get too close to that person."

"Don't chew gum in public."

"Don't eat between meals."

Each child is conditioned by what he observes, and by what he sees and hears. He learns cultural, social and political norms. And those norms are then reflected in his thinking processes and his character.

It is evident that most of us have been conditioned by our traditions to doubt, to not believe, to try to discover why certain things should not be done. We are often trying to explain the reason why this or that cannot be done.

In talking with others I have sometimes asked them: "Tell me, why are you not working?" They respond: "Because I don't have a job."

I wonder why they haven't found a job. When any of us sets up a business or a service we first have to sell our potential. ¿Why haven't you started your own business? Why haven't you offered your services and developed your abilities and your talents? Many are waiting for a job to come knocking on their door so they can begin to work.

If you are not productively engaged just now, you need to use your imagination and initiative to create a job, a business or a service. Sell your potential to others, your knowledge and your time. In a business of your own you sell your potential and your experience along with a service to others.

Many times our perception —the way we see things and contemplate them in the light of our own experience and knowledge— makes the difference. Have you realized that the mass media, in its effort to attract people's attention, has come to the conclusion that the way to get the public's attention is to provide a negative focus on everything? That's the reason there is so much negative and destructive news.

I often notice that the newspapers, radio and television give a negative twist to most things. When they give priority to such things they often destroy a person's image, or spread doubt concerning someone in government. I believe that such a focus is less productive than a positive approach to the news.

Here is another example. My grandfather conditioned my father in a certain way; then my father conditioned me in the same way. According to those references and belief patterns I am also conditioning my children. I am passing on to them the same references as well as cultural, social and political beliefs.

For every minute of negativism we experience, we need eleven minutes of positive affirmation in order to return to normal.

For every minute of negativism we experience, we need eleven minutes of positive affirmation in order to return to normal. Why? When you want to return to normal, when you want to be a positive person after you have been conditioned for fifteen, twenty or twenty-five years with a conservative, fearful approach, without a vision and extremely negative, you find it is very difficult to get out of that rut, out of that thought pattern and negative conditioning. It requires a major effort and a commitment to change our attitudes and our thoughts when we have been conditioned as a family or a society to believe that we are incapable, that we are poor and insecure, that we should doubt and not believe.

The Bible tells us that "if we believe, all things are possible". If you believe that you cannot do something, then that becomes your norm and you find that you really cannot do it. But if you believe that you can, then I assure you that it is possible, that you can do it. Since "if you believe, all things are possible", the habit that we must begin to develop is that of believing.

Our negative beliefs conspire against the renewal of our thoughts. But if you believe that you can really accomplish what you set out to do, you will be able to provoke a profound change in your life style and in the quality of your thoughts.

We have accumulated from a hundred fifty thousand to three hundred thousand hours of life in our mind. That is the total number of hours that are stored in our subconscious. I think of it as a video cassette, since we can record what happened five years ago, or even ten or fifteen years ago, and we can also visualize what is going to happen a year from now. You can imagine what you are going to accomplish!

The positive and negative experiences of your life have an extraordinary value, for they feed your self-image and your character.

The positive and negative experiences of your life have an extraordinary value, for they feed your self-image and your character.

Another important issue is the environment in which you developed. You may have been surrounded by doubts, insecurity or lack of faith. Due to such an atmosphere you may find it difficult to positively project yourself. When you come into a place where everyone has a negative outlook, you breathe that same negative focus. You feel it in your inner being; and if the references, the belief system and the support you receive are negative, they will not produce positive results.

As human beings we must begin to modify our way of thinking; we must recognize where we have been victims or recipients of negative thinking in the past. In order to provoke a change in the way we think we must provoke a change in our beliefs. That is to say, a renewal of our thoughts is a necessity, a requisite, a tool that we must begin to use to project a positive future for ourselves.

Let me give you an interesting example as you visualize the way people washed clothes in the past. Before there were washing machines, they filled a bucket with the dirty clothes, poured in water and soap and left it standing for several hours so that the dirt would be dissolved. Then the clothes were beaten against a washboard.

If you were born in modern times you may have never seen that; but it's interesting to remember how clothes were washed in the past. In the same way that we used to wash our clothes, we still have to wash our thoughts now. I believe our subconscious minds need a washing that is similar to the way clothes were done earlier. But instead of applying water and soap, we need to ask ourselves some questions so as to produce changes in our thinking process and in our attitudes.

When you get up in the morning you may ask yourself: "What do I need to be happy today? In what areas do I have a commitment? What must yet be perfected?" These are questions that will start your nervous system to working; as your nervous system is activated it will give you information that will offset the negative information and insecurity. You are going to focus instead on positive things, since you are requesting of your mind and your nervous system data and reasoning that will make you happy.

"How can I achieve good results? How can I make my spouse happy?" These questions provide a way to feed and strengthen your thought processes. And they also help suppress negative thoughts.

When a person is depressed, anxious or worried, it is because all his energies are focused on the negative factors instead of on the good things around him.

At least once a week I sit down with my family to converse and review the good things we have experienced during the week. It is delightful to share happy moments together, good days, a good church where we are taught the word of God and where we can be spiritually enriched. We rejoice in our good neighbors, in our children's school, in the quality of life we enjoy, in our friends and in the satisfaction that our work provides us.

I encourage you to begin to ask yourself some questions. "What is the best thing that happened to me last year?" Take an inventory of all the triumphs you had and ask yourself: "What must I do to improve the quality of life I now enjoy? What changes should I make in order to become the person I aspire to become?"

The lack of planning and lack of vision often turn life into a constant struggle. Without determining our purposes and our vision as individuals we cannot renew our thoughts because we are not focused. It is like trying to take a picture or trying to make a film of our life without knowing where to point or focus the camera.

Not knowing where we are headed has a direct relation to our thinking process and our attitudes. We must find a substitute for the multitude of negative thoughts by means of repetition. When you repeat in the morning "I am happy, today is going to be extraordinary, I am ready to face life's challenges, today I am going to do my best to help our people," you automatically start to generate energy. I know because I've been there myself.

I had to reprogram myself. I used to think I could not do this or that; but I discovered that I can do it. I learned that I can achieve every goal I set before me. If I purpose it and work and pay the price for success, I am really going to get there.

When you begin to claim the power that you have a right to claim and start to use that power, you will begin to develop confidence, determination and perseverance; you start to develop a change in the way you think, in your attitudes and habits. This will encourage you to be more dedicated to achieve what you want in life.

From the spiritual point of view —I always do a psychological, emotional and spiritual analysis— I find in the Bible a message that attracts my attention. They are the words: "I can do all things through Christ who strengthens me."

If you keep your attention dynamically focused on the things you want to achieve, you will become a different person. A change will be initiated in your life. That is basically what we have to learn, and the time to begin is now!

We must begin to change our attitudes; we need to change our habits; we have to renew our thinking. Then we shall see the following happening: When you start to renew your thoughts it will change your way of life. It will change the way you see yourself. It will change the way you talk; you will speak with assurance and confidence. You will see yourself as a person with a sense of direction. It will change the way you laugh, and even the way you dress. You will be transformed into a person with significance, a person with purpose.

When I speak with prisoners in our country and when I speak with students in our schools, I observe a lack of purpose and vision. Many students who finish high school have no idea where to go next, and prisoners often conclude their confinement without any further goal. That lack of purpose causes many people to improvise, and improvisation is the first symptom of a lack of direction. When someone does not know in which direction he is headed, he is like a ship on the open sea; when the wind blows toward the north, that is the direction in which it moves. Since no direction has been determined, every time we see the ship, it is moving in a different direction. In that way it cannot arrive at any specific port. The same thing happens to those who have not defined their objectives.

A person who is not headed toward a specific port, who has no defined trajectory, is unable to develop any project. He is constantly changing his mind and placing blame on his circumstances instead of assuming his responsibility to take control of the rudder of his life.

In order to begin to define a purpose one needs to sit down and think; he needs to ask God's direction and know what he wants to do with his life.

We have only one life to live. It is brief, and will only last some seventy or eighty years at best. What kind of contribution do you want to make to your family and your community? Do you want the satisfaction of fulfilling your dreams and objectives?

When a person begins to think, when he concentrates and determines an objective, he starts to create determination, perseverance and firmness. That produces a contagious assurance; something that we all must learn to develop. That determination, that perseverance, that confidence and assurance are indispensable in order to grow; that is what gives direction to the objective that you want to reach. It is the fuel that keeps us on our feet and in victory.

In order to begin to define a purpose one needs to sit down and think; he needs to ask God's direction and know what he wants to do with his life.

It would be wonderful if young people, when asked "Where are you headed? What are you planning to study?", would answer "I'm going to study economy, psychology, business administration, etc. in the university . . . That gives me a sense of personal satisfaction and will be a worthy contribution toward my family and my people."

I already mentioned that I sometimes visit those who are imprisoned. I talk with them and sometimes ask a person who has only two weeks left to complete his sentence: "What are you planning to do?" The answer that I usually receive is: "I really don't know; I may have a party after getting out of here; but I don't know what I will do after that." Frankly, that is the way many who have left the prison have responded. They have no defined purpose. They will probably wind up again in prison, because they have made no plans concerning their future. Their nervous system is trained to seek an easy answer to things without thinking about the consequences and the price that must be paid.

When people begin to renew their thoughts they start finding substitutes for the negative and poor thoughts, putting in their place firm thoughts, with vision and purpose. One who used to say he cannot, today says he can. Someone who said he didn't have time, finds now that he has the time. The one who doubted, who thought he was unable to accomplish anything, now says he is sure he can reach his goal. That kind of substitution can be made in seconds; it's only a matter of believing in your heart that you can make the change.

When someone has a problem with his car he still manages to get to work, and if his child is sick he finds a way to attend to his need. Right away he calls the doctor. If it is a matter of deciding whether to take a vacation or go to work, he faces a decision that is basically simple. But when you talk to someone about changing his thought process or his way of looking at things, and you say: "Let's sit down and see what we can do in order to produce a profound change", then things get difficult; they often get paralyzed in an extraordinary way. They find it very difficult to recognize their areas of weakness.

I love to remember that the apostle Paul said that when he felt weak in himself, he acknowledged the strength of the Lord Jesus in him. That implies that the sooner you accept your own weaknesses so as to overcome them, the stronger you will become. You don't recognize a weakness in order to sink yourself, but in order to overcome it.

Many feel they are perfect, that they are all right, with nothing to correct. They say they are positive; but soon we see them complaining because of the problems they face and are unable to solve. They have not yet recognized that they too have weaknesses.

Each of us needs to be sincere in order to perceive areas of weakness that must be overcome. This is the first requisite to develop a renewal in our attitudes and habits. When you are sincere and recognize your weaknesses that are holding you back from achieving what you want to do, you automatically begin to look for solutions within yourself by asking: "What must I do to improve my family's quality of life? What should I do to take control of my temper, rather than losing it and getting upset?" And when you begin to ask these questions, you begin to find answers.

If you need people for a certain project, they will show up; if you need money, the money will come. Whatever resource is needed, you will find it if you are sincere in your search.

When we work openly and sincerely the work is facilitated; defenses give way. If you can be sincere with others, through my own experience I can assure you that you are going to work more efficiently.

We cannot deny that we are sometimes fearful. We fear what others will say. We wonder what others will think. I used to have the same kind of thoughts. But do you know what? Others also have their own problems and do not have much time available to think about you and the solution you need for your problems. Therefore, I suggest that you don't give a lot of thought to what others think or say, since they contribute very little to improving your circumstances.

Rather than that, open your heart, meditate on what you want to accomplish, and the change of attitude you want to see in yourself. What changes should take place in your thought processes? Begin to concentrate. What should you do to achieve the good communication you need to establish with your family, with God and with others?

Once you achieve an open mind and an open heart, you will have the necessary tools to resolve your problems. You will enter into a very interesting stage in your life, since when you start being sincere with yourself, you can be sincere with others and with God.

Sincerity will help you to analyze your situation and identify your needs; it will help you to evaluate those to which you should give your attention. You will know which things should be priorities and you will be able to establish the way you want to develop things.

When you start to recognize your human potential something important happens. Before you thought that you could not do something, since you were focused on the obstacles. Now, instead of thinking what others will say, you think for yourself; you can do what you purpose to do; you understand your potential, and that God has given you the necessary tools, and there is no one his equal among all the inhabitants on the planet.

I would love to meet with thousands of people that are happy with their life, that feel satisfied and fulfilled for having accomplished what they aspired to do. We have the resources, we have the people, we have the opportunities, we have all that is needed to fulfill our dreams. But a renewal of our thinking is indispensable.

You show your thoughts to others by the way you speak. Perhaps you have read the book, *What You Say is What You Get* (by Don Gossett). It is a book I recommend. I assure you that when you speak positively, when you speak with faith, with assurance, with determination, with perseverance, you communicate those qualities to others. Your manner of speech provokes a change of attitude, not only in yourself but in those around you.

No doubt you have many opportunities just now; you have many dreams you desire to fulfill. I am sure there are persons who have told you that it is impossible to reach them, that it is difficult to do what you desire to accomplish. Do you know what? When someone says to you: "Look here, the fact is that what you want to do is big, it is difficult", don't be discouraged. Everything that you think you will be able to fulfill —what you feel with great enthusiasm in your heart that you can do— you can do that and produce the confidence and determination that will inevitably enable you to see your dreams turned into reality.

The renewal of your thoughts is the only way that you will be able to utilize your resources, and begin to awaken the sleeping giant within you, for he wants to get up, he wants to get out but knows that it is only possible if you give him permission. I am now giving you the key to open the cell where that sleeping giant is enclosed; that key is the way you speak.

You will give life to your dreams through the way you speak, through the way you think, through the vision you develop in your life.

You will give life to your dreams through the way you speak, through the way you think, through the vision you develop in your life.

To renew your thoughts, simply focus your attention on the good things you have and on the good things you want. Stay on your feet and in victory.

4

IF YOU THINK YOU CAN, YOU WILL

Among the nearly six billion inhabitants on our planet, there is no one just like you. You are original; there is no photocopy. As I said before, all persons are constituted in the same way. We have 208 bones, 500 muscles and 7,000 nerves. We can speak at 150 words a minute, and listen at 450 to 750 words a minute. We breathe 2,400 gallons of oxygen a day. We can eat; we can feel loved; we have a spirit. Yet in spite of the fact that we have the same resources we are all different. Even identical twins, who often seem physically to be exactly the same, are different in their thoughts and emotions.

You have a right to be proud of the fact that no one else is exactly like you. You are a special being; you are an original. You have abilities and talents that you may not yet have discovered. Perhaps you have not recognized them, or maybe you have not developed them. Or maybe you have begun to develop them, but have not yet perfected them.

It might be helpful to take an inventory of your talents and abilities. You may be potentially an excellent writer, a great motivator. Perhaps a lawyer, engineer, singer, father, husband. In any case, you should do your best to excel in whatever you do. Excellence makes the difference between one and another. When you demand the best of yourself, the wonderful traits you have hidden come to the fore.

Don't confound excellence with perfection, because we are all in the process of growth. Our life is being polished as a diamond and we need to be flexible. There are many things in our lives that are not perfect; but we are moving toward perfection all the same.

Begin to ask yourself if you really believe. What do you believe, and in what do you place your faith? Try to be more conscious of who you are; seek to establish goals in your life that will give you purpose and significance. Begin to know and to modify the sentiments that are hindering your personal development, so as to produce a profound change in your character, so as to become the kind of person you aspire to become. Start to pay the price of having a rich and stimulating life, full of happiness, peace and tranquility, in spite of problems.

Our dreams determine our achievements. We will never aspire to great things without the ability to dream and visualize.

Success is a life style, an attitude. It means living each moment knowing that we have many good things to do. It means knowing that we have the ability to change our emotional state in just three seconds. It is knowing that we can produce happiness, peace, love, tranquility, energy and joy.

Have you reflected on the fact that for every minute you spend down in the dumps, angry, frustrated and fearful, you are going to need eleven minutes of positive reactions to return to normal? Therefore, you must begin to train yourself to change the negative into positive values.

I can offer you the key for that training. The fact that you know that you are breathing 2,400 gallons of oxygen per day, that you can speak hundreds of words per minute, that you have the potential to carry out great projects can help you to change. Our dreams determine our achievements. We will never aspire to great things without the ability to dream and visualize. I assure you that unless you write down what you want to do, what you aspire to reach and what you would like to accomplish in life, you will not get out of your stalemate; you will never come to believe in yourself.

Allow me to ask you these questions:

- What country would you like to visit?
- Where would you like to take a vacation?
- What would be the ideal place to spend a vacation and reorganize your life?
- What kind of a home would you like to have?
- What kind of automobile would you like to drive?
- What perfume would you like to use?
- What size income do you need to live the way you want?
- What emotional changes would you like to experience?
- How many languages would you like to speak?
- What kind of education would you like for your children to have?

Dedicate some uninterrupted time, whether in a park, on the beach or in a room, to ask yourself: "What do I want to accomplish in life?" That is the first question that you need to answer in order to produce a deep change in your life and develop your faith. Faith is the conviction of having received what you still do not see. It is the certainty that you aspire to reach something else.

The United States of America is a nation expert in statistics. Almost everything is measured in terms of personal success. But the statistics are not very encouraging. We are informed that seventy-five percent of the labor force is not satisfied with the work they are doing. Fifty percent of those who are married meet failure; they are unable to attain the happiness they dreamed of. Eighty percent of those who are retired face unfavorable economic straits, even though they have worked all their life. Only 5% of the population will be economically solvent when they retire.

Even though the USA is the richest nation in the world, why is it so difficult for people to reach a level of personal fulfillment? The truth is that people are educated in mathematics, in languages, in a variety of sciences, in the use of computers and in sports, but few are taught to put their lives, their sentiments and their vision in order. The same thing occurs in most countries.

We arise every day to solve problems, to fulfill our duties at work, to satisfy our physical, social, emotional and spiritual needs. We develop habits that put us on automatic pilot and lead us through boring lives, with little reason or vision.

Perhaps you belong to the small segment of persons that are motivated, have clearly defined goals, know how to control their sentiments, and are moving toward objectives in an efficient way. But if you do not belong to that group and you want to produce significant and lasting changes in your life, I urge you to open your heart, your mind and your spirit to identify the potential of that sleeping giant within you that wants to burst out to accomplish great projects and fulfill your dreams.

We might compare that sleeping giant to a circus elephant, which in spite of being a very strong animal that could drag around everything in the circus, is tied to a rope a few yards long and waits patiently, because when it was small it was tied to a large tree with a strong chain. When the elephant tried to get loose, he found he could not and therefore submitted.

You too may have been bound with the chains of a poor self-image, to the frustrations of a depressed and anguished society, to a long litany of rules, references, beliefs and negative emotions that are paralyzing your spirit, your image and your creativity. That is keeping you from developing into the person that you have the right to become.

Imagine the satisfaction that you will feel when you arise every morning and give thanks to God for an extraordinary life, with fulfilled dreams, hopes and purpose.

The program *"Let's motivate our people"* was designed for the purpose of helping people to identify the resources, the tools and the strategies that will enable them to establish guidelines for a master plan. With that plan you can develop your potential and become the person that you always dreamed of being. But to accomplish that you must have faith in yourself.

What I hope to do is to help you to assume your responsibility and make a commitment to definitely achieve a change. Imagine the satisfaction that you will feel when you arise every morning and give thanks to God for an extraordinary life, with fulfilled dreams, hopes and purpose.

To initiate that change you will have to make a decision. You have to make the same kind of commitment as when you decided to follow a certain career; in the same way that you committed yourself to make your spouse happy.

If you are a father or mother, remember when your first child was born. You made a commitment to do everything in your power to provide the resources that would be necessary to make that child happy. In the same way, you have all the resources that are necessary to become a successful person. It depends entirely on you!

We must condition ourselves for success. We need to condition our nervous system so as to love another person, to have a perfect body, to control our sentiments. Through conditioning we can develop thoughts and guidelines that will lead us into conscious and true success.

Conditioning is a process that needs to be constantly reinforced. Those reinforcements can give you pleasure, just as when you receive an unexpected check or when you receive good news. It makes you feel strong and vigorous, right?

When you work and see results, those serve as reinforcements to stimulate you to continue working. And if you know that following a certain path will lead you to failure, or will make you and your family experience pain, you try to stay away from those negative circumstances, don't you?

We need to constantly make decisions. Remember that our emotions and conduct are determined by the sentiments that condition our nervous system. We must believe. If you believe you can, you will!

You can bring about a lasting change in your life. Not only *can* you change; you need to realize that you *must* change. You need to believe that you have to change. You must become the source of lasting change. In order to change, you must believe that you can change.

How can we condition our minds so as to produce the results we desire? Our mind is awaiting with curiosity the orders that we will give it and it is prepared to carry out whatever we ask of it. Our mind does not know how to distinguish between the positive and the negative; it does not distinguish between the good and the bad. What it receives, what we give it, is what enters into that computer that is our brain.

All you need is a little fuel, oxygen in your bloodstream or a little glucose. Your mind is able to process as many as thirty *billion* bits of information a second and possesses the equivalent of 6,500 miles of cable. That means that your mind has the ability to process massive amounts of information. The human nervous system contains 28 billion neurons. Neurons are cells in the nervous system designed to conduct our impulses. Without them we could not interpret the information we receive through our ears, or other sensory organs.

The harder the pathway becomes, the more strength, the more energy, the more creativity, the more perseverance and the more faith is required.

The information that you are receiving at this moment goes to your brain; you transmit the instruction and the brain receives it and gives instructions as to what is to be done. This is quite interesting, since each of the neurons is a tiny computer, capable or processing about a million bits of information. The neurons act independently, but they also communicate with each other through a network of a hundred thousand miles of nerve fibers. A neuron's reaction may be extended to hundreds of thousands of other neurons in less than twenty milliseconds. That's very fast; ten times faster than you can blink.

Since we have such an amazing resource available, I wonder: Why do we find it so difficult to be happy all the time? It takes the same effort to be motivated as to be depressed. The same amount of energy is required. Why is it so hard to modify our conduct? We do not want to be depressed, nor to smoke and drink, nor do we want to glut ourselves. But we still do it and do not change. Why is it so hard to shake off depression? Why can we not leave aside our frustrations so as to be happy every day? I assure you it is possible.

We have the most incredible computer that exists on planet Earth; but unfortunately we have not learned to use it. The more you practice positive living and positive thinking, the stronger you will become. Remember that if you do not use your computer, that wonderful apparatus will begin to get moldy. If you don't have the courage to produce a change in yourself, no one else will do it for you!

The commitment you make to yourself will determine your victory or your defeat. In the same way, the love you have for yourself will determine whether you live in victory or in defeat.

The harder the pathway becomes, the more strength, the more energy, the more creativity, the more perseverance and the more faith is required. The vision you have of yourself, your family, your community and your country is very important when you become frustrated, depressed and ready to give up because you do not achieve the results you desire. Faith —the conviction that you will see the fulfillment of what you cannot yet see— in an indispensable element for recovering your strength so as to continue in your struggle in spite of the difficulties.

Perseverance is the habit of continuing to fight until you reach the goal you have set. If you fall down seven times, get up eight times! If people fail you, keep seeking other options until you find the formula to reach your objectives.

We have been conditioned to give up, to drop out as soon as we face the first obstacle. We tend to see ourselves as very small when facing obstacles, and we decide to change course, change our goal or our vision. We often feel defeated and think we cannot advance. How can we conquer and change that spirit of defeat, discouragement and pessimism that attack us? In the same way that we bathe, eat, rest and change clothes, we need to change our thoughts. We need to change the video cassettes that are playing in our mind. We must change those negative thoughts that oppress our spirit and lead us to defeat.

As I said before, for every minute that we spend on the negative, we need eleven positive minutes to get back to normal. It is possible to substitute the positive for the negative; it is possible to change; it is possible to believe. And if you believe, you can win.

We need to seek God's direction and use the authority he has given us as his children. The image you have of yourself, the self-respect that you have and what you want to accomplish in life are indispensable elements to attain success. It is important for you to speak to yourself every day, to see yourself as the architect, the designer of your life. You must understand how you feel and the way you behave. Speak and breathe with peace and tranquility, because the spirit that God inspires in you is the most powerful tool to change your defeat into victory.

Don't lose your temper. Don't allow yourself to become desperate, for if you do you will lose control of your imagination, your creativity, your enthusiasm; your vision will become blurred and your ability to seek options and solutions will be impaired. When you get upset, disgusted or mad, you delegate the control of your emotions to others and you become the victim of the situations that are affecting you. Keep calm and at ease. Rest assured that you can still struggle and overcome. Remember that the greater the problem that must be overcome, the greater the opportunity you have to use the potential that God has given you. Then you will be able to see how great are your resources.

Stay on your feet and in victory. In order to do this I suggest that you keep yourself on a diet for the next ten days. I refer to a mental diet. One of the characteristics of successful people is their ability to establish new habits to take the place of negative situations that affect them. A mental diet for ten days will help you to eliminate negative thoughts that are going through your mind; you will be able to eliminate those thoughts and exchange them for positive thoughts.

You will be surprised to discover how often your mind receives thoughts that are not productive, that are fearful, that give place to doubt and worry. We sometimes think this is natural and unavoidable; since we have always lived this way, we assume it will always be that way. Worry leads a person into an emotional state that neutralizes him, and leaves him useless to accomplish tasks and find solutions. Why? Because worry focuses our attention on the problem rather than on the solution.

Modify your emotional state by asking yourself the following questions:

- What can I do?
- What can I learn from this?
- What advantage can I find in this situation?
- What has not yet been perfected?

As you ask these questions, you will focus your attention on positive things. Successful people keep their minds healthy even in the midst of emotional torment. How do they do it? They simply do not focus on the negative factors; they do not spend more than ten percent of their time on the problems, while employing ninety percent on seeking solutions.

Over the next ten days dedicate all your time to seeking solutions. Commit yourself to follow this mental challenge, in order to send a new message to your mind. You will be requesting positive and enabling sentiments which will enrich you. You will ask yourself questions that will inspire you and lead you to a new vision; you will have faith in yourself.

This challenge is not for insecure or weak persons that have no commitment to a vision for their future. This challenge is for those who commit themselves to condition their nervous system according to new emotional terms that will allow them to develop abilities and direct their lives toward a future that is free of garbage and negative and destructive thoughts that have been paralyzing their development and their quality of life.

We often find that when we focus our attention on negative things we produce a prison that locks away the good things that are within us. This exercise will help you in four ways:

1. It will enable you to analyze the thoughts that run through your mind.

2. It will help you find positive options to change your emotional state.

3. It will produce self-confidence.

4. It will create a new habit, while giving you an expectation that will enable you to expand your personal vision.

Don't keep looking at past difficulties; the past is gone. All that is real and true is the present and the future. Don't worry about past failures; what is important is the present and what is ahead.

Once you develop the habit of positive thinking, your old habits will not return. You will therefore have eliminated the toxic influence of negative thoughts.

Rise up to conquer what belongs to you! To do so you must develop self-confidence, and precisely define your vision and purpose in life. You will have to learn to administer your interests well; you will need to learn to change your emotional state and no longer focus on the things that are difficult but rather on the solutions.

Rise up and let us walk together in a new day! You only have one destiny and that is to become the architect and designer of the future of your life. Thank God every day for the ability to change.

Don't keep looking at past difficulties; the past is gone. All that is real and true is the present and the future. Don't worry about past failures; what is important is the present and what is ahead. Let's walk together, and pay the price . . . now!

If you take action, I assure you that you will be a new person. Take the necessary steps toward the conquest of what belongs to you. God gave you life to enjoy and to develop to the maximum of your abilities and to contribute everything possible to the good of those around you. If you believe you can, you will!

5

THE RESULTS DEPEND ON YOU

I may be able to give you all the information you need to become successful, but if you do not make a firm and sincere decision, and if you are not ready to pay the price to fulfill your dreams and reach the goals you have set, I advise you quite sincerely that you are wasting your time.

There are many people who are sincerely interested in attaining a life full of satisfaction and accomplishments. There are others who are not willing to seek alternatives because they have become accustomed to live a mediocre existence to such an extent that we must conclude that the giant within them is not simply asleep; he is dead!

If you have the desire to awake the sleeping giant and move forward toward significant results, I assure you that you will accomplish what you are after if you pay the price. Remember that the price of success must be paid in advance, in hard currency and while you work.

I once published an article entitled: "The Results Depend on You." That is true: the results depend on you alone. Don't blame anyone else, don't complain against anything or anyone, because in the final analysis you make your own life. Accept the responsibility to build yourself up and have the courage to accept failure and start again.

Real victory comes out of the ashes of mistakes. Never complain about your circumstances nor about those around you. Others have conquered while facing the same circumstances you face. Circumstances are good or bad according to your will and your disposition.

Those who have courage and pay the price of success think less about the problems and more about the solutions.

Learn to turn your difficult circumstances into favorable situations. Don't complain of poverty, health or circumstances; face them with courage and accept that in one way or another they are the result of your actions as well as the test of whether you will pay the price to be successful.

Don't complain about the lack of money, for there is plenty of money in many places. Don't become bitter over your failures nor blame them on others. Accept them as part of your experience, for otherwise you will always justify yourself, just as a child. Don't deceive yourself any longer. You are the cause of your sadness, your need, your pain and your failure. Recognize that you have been ignorant and irresponsible; you are the only one who has lived your life. The cause of your present is your past, and your future will be the result of your present.

Learn from those who are strong and active; learn from those who are bold. Imitate those who are valiant and energetic, those who overcome, those who don't give up on difficult situations. Those who have courage and pay the price of success think less about the problems and more about the solutions. In that way the problems automatically die from lack of attention.

Learn to see the great opportunities around you. Learn to see the solutions to the problems that arise and would hinder your objectives. I assure you that you will find within yourself a person who is ready to do whatever is necessary to achieve the results you desire.

Look in the mirror and learn to be sincere in facing yourself. Recognize your courage and your will, and don't justify yourself because of your weaknesses. Learn to know yourself. That will be the beginning of a new life, since no one else can do the work that you have to do.

We are the result of the obstacles that we often face and the atmosphere in which we develop. The lack of money and personal failures can weaken us and take away our desire to live. But if we can use those experiences positively they will serve us well in the future, enabling us to avoid repeating the same errors.

It doesn't matter how difficult your life has been or whether you have had abundance, you have the responsibility to use your will, your potential, your energy, your time and your resources to be a more successful person. The results will depend on you.

My desire is to help you to be successful in life. If you get together with those who do not know how to seek solutions, you will learn from them to not seek solutions. If you meet with those who have enthusiasm, desire and conviction to move forward and seek solutions, you will learn to find alternatives that will enable you to achieve your objectives.

You must be firm and decisive in order to accomplish the results that you desire. You need to commit yourself to get those results. You must visualize them.

In my work I have the opportunity to speak to many people. Especially in dealing with young people, I have found a lot of insecurity. Insecurity and doubt are elements that cause us to despair, since they tend to lull us to sleep and limit our potential.

Friend, let us not give up! Failure comes when people give up. The more difficult the situation we must overcome, the more we have to seek God to ask for his guidance. With his divine help we can maximize our potential, generate energy and achieve results. But the question remains: What results are you seeking?

If you are willing to work to achieve positive results in your life, then I ask you to have pencil and paper ready. With that we can begin to work.

Excuses satisfy no one but the one who gives them, and they weaken the resolve of those who accept them.

You may be tired and unhappy. You need to change that emotional, mental and physical state, since that is what paralyzes your growth. I recently read an article by British author Bernard Shaw that referred to those who feel tired.

It mentioned that each year has 365 days of 24 hours each. Of these twelve hours are nighttime making a total of 182 nights. That leaves us 183 days, less 52 Sundays, leaving us 131 days. If we discount 52 Saturdays we have left 79 work days; but since the four hours dedicated each day to eating add up to 60 days, that means we have only 19 days left for work. If we take 15 days of vacation only four days are left for work, and if we discount three days for sick leave, only one day is left for work. But since that is Labor Day, in which we do not labor, we should have no reason to be tired. So the question facing us is: Why do we feel tired?

Tiredness is an attitude. We rise up tired in the morning and we go to bed tired; we wake up depressed and we lie down depressed. We must learn to change our emotional state by modifying the way we see ourselves.

Don't present any excuses for not beginning to work to achieve the results you desire. As stated earlier, excuses satisfy no one but the one who gives them, and they weaken the resolve of those who accept them.

With pencil and paper in hand, begin to visualize what you need to accomplish, what you desire. It may be rather simple, or something more complicated. For instance, what automobile would you like to have? Or maybe you want to buy a home, or you want to study, or make a vacation trip. Perhaps you want to finish a doctorate, or improve your physical condition. Whatever it is you want to accomplish, if you make that your purpose you can do it.

Everything that you can vividly imagine, ardently desire, sincerely believe, enthusiastically understand . . . will happen inevitably.

Once you make a list of the things you desire, you must determine which goals are most important. Perhaps it would be to improve your understanding of another language, finish your studies in the university, find a new job, improve relations with your spouse or increase your income.

You must be specific in indicating what you desire. To visualize what you desire, with plenty of details, is to take the first step toward achieving the results.

Visualization is the ability to see, to imagine, to create in your mind exactly what you are going to do. Almost everything we do, we see before we do it. If you decide to eat out, you know to which restaurant or café you will go. When you get up to dress in the morning, you know what clothes you will wear that day. We are programmed in such a way that before we do something, we visualize the results we expect to achieve.

Is it now clear that it is very important to develop the habit of beginning to see specifically what we want to accomplish? It is wonderful to realize that we have the ability to see specifically what is going to happen or what we hope to accomplish. That visualization develops what we know as faith, since faith is the conviction of seeing what is as yet invisible.

When you have the faith that you can achieve what you desire, you automatically begin to build confidence. That confidence will enable you to act and to seek solutions to the obstacles that appear when you move toward your goals.

Once you begin to build confidence and faith to know that what you desire is within your reach you develop determination. That determination leads you to action. You then follow through with all the steps in the process to accomplish the goal that you have proposed; in other words you begin to move toward making it a reality.

We cannot and should not live without a plan. If we do not plan our life, we do not achieve the best results. When you begin to plan, to visualize, to build faith, confidence and conviction, you start to build enthusiasm and use part of your imagination and creativity that had not been used efficiently in the past. When that occurs, the dream that you want to fulfill invites you to act; it moves you and motivates you to action and realization.

There are some elements that neutralize our ability to visualize. It has been shown that one of those elements is worry. Worry is defined as "to concern yourself with a situation before it happens." Many people spend days, weeks and months worrying about a situation. As the time passes, nothing that they worried about actually occurs.

Human beings are surrounded with demands upon their attention and situations that constantly require them to seek alternatives to solve their problems. It is unfortunate that people dedicate so much time to the problem rather than to the solution and to establish goals and achieve the results that are important to them.

In a clinical context, worry has been defined as anxiety or an erroneous mental state in which we often fall. That anxiety generates discontent. In the shopping malls we find people talking to themselves; they are worried. Even when people are at work they are often thinking about a family problem with their spouse, their son or daughter, a brother-in-law, a sick mother . . . When their productivity is measured, their efficiency has fallen to the bottom because they are unable to concentrate. Can it be because they are not able to differentiate between being occupied with their work and being preoccupied with their problems?

Worry causes inaction; it debilitates imagination and creativity. With such a debilitation we become inactive and do not seek solutions. This means that when we are worried, intelligence and creativity begin to decline, sometimes to such a point that we become sick.

From all that we have said, it is evident that one of the most negative habits we can have is the tendency to worry. Worry generates imbalance in the digestive system. It upsets the stomach, causing irritation and acidity. The doctor's diagnostic may indicate that we are perfectly well, that no infirmity is present. But in reality we are consumed by worry.

We need to be careful to not allow ourselves to be overcome by the negative element of worry.

Ninety percent of all people worry. They follow a negative habit of worry instead of utilizing the potential that God has given them. I suggest that you spend no more then ten percent of your time on your problems, and ninety percent on seeking solutions.

We need to be careful to not allow ourselves to be overcome by the negative element of worry. We need to evaluate ourselves to discover what causes our anxiety so as to get these issues out into the light and no longer allow them to dominate, control or weaken us.

When we begin to see life in a positive light, without worrying about our adversities —we know that life has its adversities— we will see a big difference. That difference is our attitude toward adversities. We begin to understand that the problem can be solved, for no problem is unsolvable. And that attitude begins to build confidence and determination that are necessary to achieve results.

In order to control your feelings of worry, ask yourself the following questions:

- What can I learn from this situation that is bothering me?
- What things are not yet as they ought to be?
- What things should I seek to improve?

When you start to ask yourself to what you are committed and how you can improve your life, it will automatically change your focus from the problem to finding a solution.

When you decide to begin to work toward achieving positive, stable and decisive results, you have taken the first step toward reaching the peak of success. When you decide what you want to accomplish over the next sixty months, in the next twenty months, in the next five, ten, fifteen or twenty years, and decide what you want to accomplish physically, spiritually, culturally and socially, what you want to do in the intellectual, economic and professional fields, you will have begun to write the book of success about your life.

To write such a book is not an easy process, but I can assure you positive results in your life if you decide to do it. I believe every person has the right to live and enjoy a full life; but you must plan the quality of life you want to live.

The story is told of a young person that graduated from the university. He received an invitation to begin to save his money and he turned it down. He felt he was too young and decided that he would start to save after he began to work. When he began to work he decided against saving because he needed the money to buy a car and clothing. Later he married and had two children. He found it difficult to save because he had to spend a lot on the children. He needed to pay for the rent, food and clothes. When his children started to the university, the father who had saved nothing had to mortgage his home to pay for their studies. He is now sixty five years of age, with a small pension from Social Security. He says it is not enough to live on and he needs help from his children. Now he has to live with the children and depend upon them. All as a result of not having saved his money.

We have hundreds of millions of retired people in Latin America and the USA that are in need. More than sixty five percent of those who are retired face bankruptcy, often for lack of planning.

Think for a moment about what you want to achieve. Remember that no one else is going to resolve your problems. If you are not happy with the kind of life you are living, and if you believe you can improve it, you must begin to evaluate your future. Have you achieved all that you desire and are able to achieve? How are you writing the future of your life?

6

GENERATORS OF MOTIVATION

Motivation is a subject that has revolutionized my life, and I am sure it will revolutionize yours.

What is motivation? What motivates us twenty-four hours a day? From the time a person is in his mother's womb, he is motivated: he asks for food and needs love. We understand that while in his mother's womb his needs are satisfactorily met and in abundance. Human beings generate the highest level of motivation of any creature, and their ability to generate motivation is unlimited.

I sincerely believe that everybody has the right to learn how to motivate himself. It is unfortunate that in the current educational system young people are not taught to recognize their innate ability to generate motivation and to achieve changes of attitude so as to confront the demands they will meet in life.

Motivation is the desire that gives us impulse to develop whatever we want to do. Motivation is what enables us to achieve what we desire. That motivation can be generated by external impulses just as by internal needs.

Let's suppose a mother says to her daughter: "Please go wash the dishes," and the daughter willingly gets up to do so. This would indicate that the external request was combined with an internal commitment that the daughter has to help her mother.

That occurs in a variety of ways. I was often told: "Please go put the garbage out." That was one of the jobs I least enjoyed doing, so I did not do it. Two or three hours would pass, and even as long as two days, and still I didn't put the garbage out. Then my mom or dad would spank me. When you receive such an incentive, you generally get motivated; you fulfill your duty because of the punishment. The punishment becomes the external motivation to get you to move.

A similar situation occurs when someone says: "I'll give you five dollars to wash the car." The solicited person jumps out of the chair immediately and gets his equipment ready: bucket, water hose, detergent, brush and sponges. He washes the car with ample motivation and a half hour later the car is shining. That kind of motivation is known as *motivation by incentive.*

Let's suppose that you are with someone who has not eaten for two days. His stomach is empty and you say to him: "Come home with me. We'll put some beef, sausage and chicken on the grill." Can you imagine how he will react? I can imagine that he will be delighted and the blood will begin to rush through his body at a faster pace; he will breathe more rapidly and be quite happy since he is going to conclude what is about to finish him off: his hunger! That is a *basic motivation.*

Human beings have the ability to constantly generate motivation; but the various levels of motivation are not permanent, nor are they always the same. I am not totally motivated twenty four hours a day. It is true, I am motivated; but my levels of motivation vary according to the circumstances, goals and objectives of my life. At any given moment I may feel indisposed and my levels of motivation decline.

Although I am not always totally motivated, I do have a positive attitude to control my sentiments and face the demands of life. I seek solutions to the problems that make me unhappy and impede my progress.

Most of us have been trained to generate motivation at very low levels. Few have found their maximum level of energy. We get up in the morning without feeling that our hearts are afire, without a spark. For that reason we are unable to motivate others. Yet we have the ability, not only to motivate ourselves, but also to provoke motivation in others.

I have a personal motto that goes like this: "I'm standing in victory." I have made the decision to win the battle! I call that *motivation contagion*. This is a positive contagion, in the sense that everywhere I go, I motivate others. I spread the contagion everywhere; in turn everyone becomes happy, even euphoric, because of the positive atmosphere, full of hope, happiness and prosperity. That is a fabulous atmosphere. But I have also lived times full of doubt, with lack of confidence and a feeling of insecurity.

Many have been conditioned to maintain a negative life style. They always feel they are incapable of doing things; they doubt that good things can be accomplished. Their faith is lacking and they think that their dreams will never be realized, if perhaps they even dare to dream.

I consider that the greatest infirmity of our Latin American people is the lack of faith, confidence and security. We also face a lack of determination and purpose in life. How can we resolve this problem? We need to teach our people as soon as possible to change their attitude of doubts and lack of faith that impede the flowering of the many good things that are within each person. We must change our emotional state; we must change the computer in our minds that harbors so much erroneous information. We need to change our attitudes.

You need to learn to motivate yourself, to develop a purpose that begins to generate a contagious and positive motivation; a motivation that will keep you on your feet and in victory.

Even as there is a positive motivation, there is also a negative motivation. Every day you and I do many things on "automatic pilot". We don't stop to evaluate whether it is positive or negative because we act automatically.

When a person steals a car he is motivated. When he takes the life of another person, he is motivated. But such a motivation is clearly negative.

When someone is motivated by an external circumstance, he may be motivated at the same time by an internal circumstance. Perhaps he is aggravated, or he may have an economic need or a health problem. We understand that such a motivation can be corrected.

Let's get back to the fundamentals, to the way of thought of human beings, to ethical and moral concepts, to attitudes, beliefs and habits. These are what produce results.

To motivate yourself, you need to know yourself. You also need to recognize the good things within you, the things that make you happy, the things that enrich your life. You also need to recognize the weak and negative things that should be changed, the things that are not yet the way they should be.

No one is perfect, but we can aspire to be perfect. Even though we are unable to acquire perfection now, we may be able to do so in the future. I refer to excellence: the ability to do the best that is possible.

God has given us a precious gift. It is a gift that can produce great results; a gift that enables us to generate many satisfactions; a gift through which we can help others; a gift that enables us to produce new lives; a gift through which people can be transformed. That gift is life itself! It is a beautiful gift of extraordinary worth. Unfortunately, we have not learned its worth.

The first requisite to generate permanent motivation is to ask: "Who am I? What do I desire in life?" It's quite simple. When someone understands that he has all the necessary resources within himself and generates a positive attitude toward himself, that produces positive motivation. And because he has vision he becomes a professional motivator.

I cannot change anyone. The only person that can change yourself is you. It is you that must make the decision to produce significant changes in your character.

We may read hundreds of books on motivation, attend hundreds of conferences and seminars, but until we recognize that within ourselves is the motivation generating machine, we will not get very far.

It is much like the athlete that gets up every day to run. He walks and practices. He will practice seven years to go to the Olympics and compete for a medal. He disciplines himself, he perseveres and is constant in his exercise.

Motivation means discovering what you want. After discovering what you want, then you need to seek out the options that will enable you to achieve it. It can be said that motivation is what gives significance to life.

I always ask those who participate in my seminars:

- What do you want in life?
- Why do you want that?
- What makes you happy today?
- To what do you feel committed?

When people identify what they want in life, they have a reason to live and to struggle to get ahead.

We would be dreaming if we supposed that the number of suicides would decrease. You may ask: "Why speak of suicides?" Do you know that in twenty-four hours about twenty-five thousand people in the United States will try to commit suicide? And many will succeed. They do not appreciate the precious gift they received because they found no reason for which to live.

A person may have everything: money, good fortune and liberty; even so his life may be devoid of meaning. He has an emptiness within that nothing has been able to fill. I had that kind of experience.

I began my first business at twelve years of age. I sold shoes out of a catalog. I remember that in a sugar cane plant, one of the directors recommended that I offer to the eight hundred workers at the plant some shoes that had a bit of steel to protect the feet of the employees. A few weeks earlier one of the workers had lost a foot in an accident. That situation turned me into a business administrator at the age of twelve.

I sold about two hundred pairs of shoes the first month, and over the first year I was able to sell about eight hundred pairs. That was a lot of shoes!

While selling the shoes, I realized that I had the ability to speak to people, an ability to communicate. A young person who was short and skinny was speaking to the older employees in the sugar plant.

Later I continued to develop my business prowess in the same plant. At eighteen years of age I set up an insect extermination business, and I was able to study in the university. Thanks to the bugs, I finished my bachelor's degree!

I continued to develop businesses, finding success and abundance. I married an extraordinary woman who gave me some precious children. I had nice cars and recognition. But the time came when I said: "All of this motivates me; but it does not satisfy me." I had satisfied all my physical, economic, intellectual and professional needs, but my spiritual needs were not satisfied.

Jesus Christ is the greatest motivator in the world. When you get to know him and establish a personal relation with him, you discover that the love and the peace that God gives to a man cannot be produced by money, nor by good jobs, nor by social status, nor by anything in the world, because they are different kinds of needs.

You cannot play basketball with the rules for football, nor can you play soccer with volleyball rules. Neither can you satisfy your physical needs with the resources which satisfy spiritual needs. The same is true of spiritual needs that cannot be satisfied with physical resources. They can only be satisfied in one way: by direct communication with God.

That is the problem: material things have constituted our motivation, and we have removed from the field our spiritual needs, which cannot be satisfied apart from a personal relation with God.

How wonderful it is to say: "I feel great because I've found the peace that God gives. I have found the joy of a healthy home, an extraordinary business and a professional life that gives me the satisfaction of being able to help thousands of people change the way they live."

I am grateful to know that I have been able to develop the potential that God has given me, by using my imagination and creativity to help others to produce lasting change.

Motivation means to identify what you desire, recognize the meaning of what you want, evaluate the obstacles that must be overcome to achieve your objectives, seek the solutions, and then get up to work and act in order to achieve those solutions.

Motivation means to identify what you desire, recognize the meaning of what you want, evaluate the obstacles that must be overcome to achieve your objectives, seek the solutions, and then get up to work and act in order to achieve those solutions. But once you reach your goals, you do not feel satisfied; instead you want to accomplish more. I say that from experience.

I bought my first car at sixteen years of age. It was a used Volkswagen and cost six hundred dollars. I felt like the happiest young man on earth. The paint job was not very good, but it was my first car. Later I wanted a newer car, so I bought a Datsun for ten thousand dollars. Then I wanted a newer car, so I purchased a Fiat Super Brava. Later I bought a Buick LeSabre.

Human beings have the opportunity of aspiring to newer things. That makes life interesting. It is not static.

The other day I was looking at a helicopter. That is an extraordinary means of transport, because you can go from one city to another in just half an hour. And you can save four or five hours in traffic. When I looked at the helicopter I asked myself: Why can't I have one of those?

That kind of question would break us out of the trim suits that we first wore as children. We were taught that we were not to think about those things. We couldn't think about borrowed goods because we were poor. Don't we have the right to dream? Or are we obliged to not think of the future because of a lack of economic resources?

Many people tell me: "The truth is that nothing motivates me. I've already grown as much as I'm going to grow. Now that I am older, the only thing I look forward to is retirement." Frankly, I have many important goals before me; among them is the desire to serve our people. I want to take to them the clear and true message of simple changes that everyone can implement today.

Something that gives me great satisfaction is for someone to greet me and say: "Thank you, J.R., for your conferences. Through your counsel I was able to stop drinking . . . I was reconciled to my wife . . . I lost twenty-five pounds . . . I saw an increase in my income . . . I was able to get the position I wanted . . ." When I hear those things I feel in my heart that I have been an instrument contributing to the quality of thousands of people's lives who have received my professional services in the United States, Venezuela, Mexico, Panama and Argentina. What I have to share is life, life in abundance, and the growth and prosperity of others serves to keep me motivated twenty-four hours a day.

When you discover the energy and potential that you have within and start to use it, you will understand that it is not something supernatural that enables you to experience success, that makes you happy, and that provides you motivation. It is just as natural as eating, speaking and sleeping. The most natural thing is to be content, thankful to God that he gives you breath, that you can love, that you can walk . . . simply because you can experience change.

Start to think that you were born to triumph, that you have all that is necessary to be a happy person. You have the ability to generate sincere motivation to keep going and to conquer what belongs to you; to conquer happiness, peace and tranquility. You can conquer the gift that God has given you: life!

Let us conquer the opportunities that surround us. Let us say to others: "I am delighted to be with you. I am happy to contribute to your life. I enjoy helping you, being a part of your business, your family, your interests. I am delighted to be your spouse."

You face the great challenge of awakening the sleeping giant that is within you. Once he awakens, that giant will be a generator of motivation twenty-four hours a day, seven days a week, thirty days a month and three hundred sixty-five days a year. In the same way that you have the ability to speak, breathe and see, you also have the ability to motivate yourself, to keep yourself contented and confident of your ability to identify solutions to the difficulties that appear.

What is important is the vision you have of what is going to happen in the next few years. What kind of person will you become? What kind of contribution are you going to make to your country, to your children, to your own life? You need to start answering those questions and define what you are going to do. Thus you will feel motivated to keep moving on your feet and in victory.

7

WORK: SPRINGBOARD TO SUCCESS

Work is the secret of success. Many people have asked me how to be successful. Quite plainly, you can become successful by working. But many want to be successful without working. That is very difficult; in fact, it is impossible!

To a certain extent, love and respect for work has been lost. But it was work that enabled Christopher Columbus to discover America; through work, man was able to reach the moon. Were it not for work the great projects that have been accomplished over the last hundred years would not have been possible. All this has been achieved as a result of work.

Work is the utilization of human potential: energy, resources, experience and knowledge.

I have known a number of people who have been given the opportunity to study, and even have been awarded scholarships; but they have not taken advantage of the opportunity because they were not interested in working. In many cases it was simply because by working they would forfeit their welfare benefits. It often seems that it is better not to work, since the economic benefits of welfare are better than the benefits resulting from work.

This is not often the case in all the countries of the Americas, as it is sometimes in the United States and

Puerto Rico. I believe it is a situation that can be resolved by seeking a change of attitude and by helping people to understand the importance of work. Work dignifies us because it builds up the soul and the body; it strengthens the human being. Those that do not work cease to use a human potential given them by God.

Unemployment in our countries varies between ten and twenty-five percent; yet there are many opportunities to work. Many only work to get the minimum necessary for subsistence, but not enough to build a future. Quite simply, what keeps them from working is complacency.

Complacency is satisfaction with what you already have. Many are complacent because they have a home to live in, because they can meet the expenses of food, water, electricity and telephone . . . They consider that with two or three odd jobs a month they have enough and do not need a steady job. That is a grave mistake because human beings —spirit, soul and body— need to be active, since the sweat of their brow is the elixir of success.

When you enjoy what you do and are committed to your job, it makes you feel satisfied. The work that I do in motivating people, in helping them to change their attitudes, produces in me an extraordinary satisfaction. I feel that by doing this I am contributing to the growth of the country.

I do not believe it is sensible to continue to feed complacency, since it is one of the most important elements keeping people from working and producing. I believe that many fall into an attitude of complacence because their sense of potential has gone to sleep. It is as if they had taken a sleeping pill and are not using their abilities and talents.

Something else that is keeping many from working with love and interest is a negative attitude toward work. Work is seen as punishment, as a necessary evil in order to live. More than a factor for their development and an opportunity to grow, it is considered simply a need. And sometimes not even a need.

Such a negative attitude toward work keeps people from efficiently fulfilling their tasks. "I get paid by the hour, —people say—. If it takes me ten hours to do this job instead of five, I receive more money. So why should I push myself to do it in five?" That negative attitude is not only damaging to the persons involved, but also to the company, to their coworkers and to the country.

Work is necessary. We need to look for solutions to the problems of life. We need to recognize that we are responsible for the future of our country.

Another reason why people are not interested in working is the lack of will. There is a lack of desire, of energy, of commitment, or seriousness toward work. Often we do not achieve better results because we do not dedicate ourselves a hundred percent to the work we do. A lack of will is a lack of commitment to the company or organization that employs us, as well as toward the government and even toward ourselves, a lack of interest in reaching the objectives set by our employer.

Another problem is the way we think. The manner in which we have been conditioned to think of work keeps us from forming a good team for doing a job. That barrier is evident not only at the level of workers and employees, but also among managers and executives.

At all levels I have observed a lack of commitment toward company objectives. Due to the loss of vision concerning the importance of work, we must begin to develop a new desire and commitment toward work; a change in our will and our attitude. But such a change has to begin in the home, since children imitate the attitude they see in their parents. If they observe a lack of commitment in their family, that is what they learn.

As Hispanics we must educate our people and create an awareness that the price of success must be paid up front, and it is paid by working. It is indispensable that we define the meaning of success.

Success is often equated with having money or happiness. To me success is the combination of achieving the goals that we have set and always working so that we are focused on those objectives.

If a person does not have his objectives defined, if he has not planned his life and does not know what he wants; if he has enough to meet his basic needs and has no clear vision of what is in his future, he will have no motivation to work and therefore, will be satisfied with what he has already accomplished.

Unfortunately, we often confuse success with money. Success is related to money since money is the instrument for acquiring the things we want; but we must not depend upon money as the most essential element. If that were the case, we would become materialists and lose the sense of the true value of our lives. Many things cannot be acquired with money, such as peace, love and tranquility.

In our times success is often seen as competition. If your neighbor achieves a certain level and fixes up his house, most probably within the next six months the neighboring houses will also get fixed up. That happened in my neighborhood several years ago. A neighbor painted his house and within six months all the houses nearby were also painted, even though in some cases it was not necessary.

Competition is good and worthwhile; but when it is confused with success, that is not good. Success is not to be measured in material terms. If we assume that success is determined by acquiring a nice car, a pretty home, the latest fashion in clothing . . . we are mistaken. Human beings have much greater needs than those of material worth; spiritual matters are far more important. It is true that we have needs in the family, economic and professional needs, social, educational and cultural needs; but our greatest needs are spiritual. The satisfaction of all those needs is also related to success.

Success requires effort and work, not only by the head of the home but by the entire family. In a company success is achieved where all the personnel work together to reach the goals that have been established.

We may be very successful persons and not necessarily be millionaires. There are many millionaires who, in spite of having much money, are not very successful. Many are not happy. They have lost their happiness by becoming slaves to their money.

The love, smiles and warmth of a person cannot be purchased with money. Much less can we buy the love of God. Our creator invites us to come to him to buy the water of life "without money and without price."

To achieve success we must establish a plan of action. Everybody ought to have a plan of action for a minimum of sixty months, or five years. He can also have a plan of action for ten years. That way he will have a vision of what is going to happen over the next five hundred twenty weeks. If we plan that way during our lifetime we will begin to see certain details that we were not accustomed to seeing.

People generally establish more financial goals than spiritual goals. The economic aspect is important; but we must not forget the spiritual aspect. We need to find a balance between the family aspect, the social and cultural aspects, the economic aspect and the spiritual aspect. In every area human beings need to find contentment.

For me success means being content with what I do, being able to fulfill my goals and my dreams. When I am able to work every day and put forth a genuine effort to reach my objectives I feel my worth as a person. Working to achieve my goals is far more important to me than having success offered to me as a gift on a silver platter.

I encourage you to evaluate your attitude toward work; whether you enjoy working and whether you enjoy what you are doing. If you are unhappy with your work, what would you prefer to do? If your activity does not produce satisfaction, what would you like to do instead?

A study I saw recently reports that sixty five percent of the work force in the United States is not happy with their jobs. That means that the great majority of those who work are unhappy with their work. For some reason, their work has become boring.

Does what you are doing produce satisfaction? Are you able to satisfy your needs through your work? Does it allow you to grow and use your potential? Analyze your potential and your abilities and determine what you would like to do in the next ten years. Then determine a plan of action to achieve what you want to accomplish.

If we are able to see the work force in our country involved in work they enjoy doing, work that satisfies, enthuses and motivates them, we will automatically reduce the level of unemployment. Labor problems will be reduced; as well as absenteeism and many other factors that occur because people are not happy with what they are doing.

In order to accomplish this we must count on the resources of private enterprise, the church and the government. How great it would be if we had a campaign to bring about an awareness of the importance of contributing to the growth of our country! Don't you agree? It would create an awareness that everyone that stays at home without contributing to the economic growth of his country is turning his back on others. Many tell me they agree, that they are trying to find employment for the past several years, but have not been successful.

What we must do is begin to seek options. If you are unable to sell your potential directly to an existing company, then you can try to sell a service or a product.

I greatly admire people that use all their resources. Often as I walk through the streets I find women selling chocolates, young people offering fruits, or others selling encyclopedias. To me that has extraordinary worth. They are often persons who have lost their employment, but have not allowed themselves to be overcome. They want to move forward. They have a desire and a commitment to contribute so that their family can have the necessary resources. They have not allowed themselves to be detained; instead they continue to move forward.

When I mention this option in my seminars, some tell me: "Okay, but the fact is that I don't enjoy selling things." I want to make a very important clarification: All of us are salesmen! Even though we do not work in sales, we all have the ability to persuade, to motivate, to enthuse, to convince . . . and that is salesmanship!

When a husband says to his wife: "Prepare me a cup of coffee", he is purchasing something. When his wife prepares him the coffee, that is a sale. When an employee says to her boss: "I need a raise, because this year I had twins", she is making a sales pitch to her boss; for she is offering her services to her employer at a higher price.

Everybody has all he needs to produce more than he is producing. What is lacking in many is to define what they want to achieve in life.

Our work is selling. We are innate salesmen; we sell ideas, dreams, products, alternatives and services. Some have not yet developed their ability and potential to persuade, motivate and convince; but in one way or another all of us have the ability.

The first person to whom you must sell your ideas is yourself. You must begin to sell your ability to persuade. When you want something, you persuade and convince; you motivate another person. If you believe in what you are doing, you convince. If you are sure that what you are doing is right, you are going to persuade others.

Everybody has all he needs to produce more than he is producing. What is lacking in many is to define what they want to achieve in life. Have you done that yet? Then begin to use your work as an instrument for greater achievements in the future. Your contribution can provide a note-worthy improvement for your family, your community and your country.

My deep desire is to see millions of Hispanics full of enthusiasm and commitment, with a positive attitude and the desire to work and contribute toward the common good of our people. But each one must pay the price which is quite steep, because it requires complete dedication. The price of success must be paid in advance and in cash. The price of failure is pay a little at a time, usually at the end.

The one that gives up because he is not willing to pay the price, will write a story of his life that will inspire few others. But those that persevere and pay the price of success will receive the backing, the admiration, the love and encouragement of their families, their friends and their community.

I urge you to unite with those who are triumphant. Be one of the first to say: "I am ready to contribute, grow, develop and use the potential God has given me. I want to work, because work is the secret of success."

Analyze your life to see what gives you satisfaction and what you enjoy doing. What talents can you use to increase your production? Don't forget that you are the architect and designer of the future of your life. No one can do the work that is yours to do.

What is in the past is past. If you had a negative attitude in the past, today you can change your attitude toward life, toward work and toward your family. Ask yourself what kind of person you want to be.

- What kind of person do I want to become?
- What changes do I need to make in order to become the person I aspire to be?
- How should I walk, speak and dress?
- How should I develop my physical muscles and my spiritual muscles?
- How can I develop my mental abilities?

- Who can help me?
- Where can I study?

When you begin to ask yourself this kind of questions, you will start to visualize what you want to do. Redirect your focus toward those things.

An extraordinary future is awaiting you, no matter what the problems or difficulties. No matter how large the problems are, if you have a positive attitude toward them, you will find the solution. Invest your imagination, resources and determination to generate solutions. As you overcome the problems you will become stronger. Your development and growth has a direct relation to your ability to overcome large obstacles. If everything were easy, life would be very boring. Now, more than ever, we need to get to work!

8

THE CHALLENGE FACING TODAY'S LEADERS

In a world of change, where people are constantly confronting great demands and decisions, as well as pressures to achieve outstanding results, it is important to deal with the subject of the challenge faced by today's leaders.

I have had the opportunity to meet hundreds of leaders that are fulfilling their job, while at the same time I have seen leaders that are not ready to accept the responsibility involved in being efficient.

People today are able to enjoy the results of the labors put forth by leaders in the past. Many people think that everything is the same as before, that life has not changed. But life was very difficult in the last century. And today we can enjoy the benefits of the sacrifices made in the past.

When I converse with young people, I notice that most prefer to delegate to others the responsibility to make decisions so they can avoid the challenge of facing the future. I believe that is a grave error.

Recently I read that those who follow common, everyday leaders achieve common, everyday results. The implication is that those who follow extraordinary leaders will achieve extraordinary results.

As we deal with the subject of today's leader, we must recognize each person's potential. You should use your abilities efficiently and seek solutions to the problems that hinder your progress.

A leader has the capacity to visualize. He can foresee what is going to happen and he has the ability to convince, persuade and motivate.

There are other leaders who are authoritarian dictators. They assume control as if they were owners of everything. They expect that everything they have stipulated will be carried out. History confirms that such dictators are overcome by their own people because no one wants to follow another by imposition.

The challenge to today's leader is to achieve the willing cooperation of his people. Where there is harmony, good communication and the desire to accomplish the work that is proposed, teamwork is possible.

A democratic leader will sit down to converse and seek the opinion of others; then he will find a consensus in the opinions and establish a plan of action. That is the kind of leadership that has been implemented in our country with very good results.

We will never be able to please everyone, but that is not necessary. Rather we should seek to achieve the best results which will benefit everyone.

A leader needs to understand that if he desires to establish a democratic style of management he must be an excellent communicator. Communication is the process by which we transmit to others our way of thinking and feeling, while at the same time being able to perceive the way those around us think and feel. This is a necessary process if we are be efficient leaders with a democratic style.

In my studies on communication I have seen that verbal communication represents only seven percent of total communication. Thirty-eight percent of communication is determined by the tone used to communicate the message, and fifty-five percent is what is known as non verbal communication. It is physical communication, such as facial expressions, or an embrace.

Communication takes many forms. For instance, when we use a perfume that is pleasing to a certain person or when we dress in a way that pleases another, we are communicating our appreciation for their tastes.

We need to be attentive to the fact that a leader communicates, not only by the way he speaks, but also by the way he walks, the way he stretches out his hand, the way he shows his enthusiasm and conviction to people.

We must be good communicators if we want to get the cooperation of those around us. With their cooperation we can achieve our objectives and others will do their work according to our plan of action.

A leader must dedicate a hundred percent of his potential, his ability and his talents in order to realize his dreams and objectives. This may seem fairly simple, but I have visited many organizations, businesses, government agencies and schools where it was very difficult to achieve harmony and good communication. Many divisions were evident in the work groups that hindered effective concentration on the things they desired to accomplish.

You may ask what is the problem. I say that it is the work group. We are divided by race or color, by different economic levels or political preferences, or by religious differences. We are so divided that we need to review our objectives and refocus our attention on what we wish to accomplish. We need to improve our human relations, improve our communication and improve our understanding, in order to invest our energy in the goals we need to achieve.

Many of us are investing our energy in complaints over rejection, discrimination and loss of benefits and opportunities. Successful people do not invest more than ten percent of their time in their problems; they invest ninety percent of their time in solutions.

We need to take this message to our young people, to our children and to our families. Often jealousy and envy have been incorporated as part of our work policy. For many it is more important to boycott and sabotage the progress of a coworker than to participate in the accomplishment of our objectives.

This is keeping many Hispanic associations from prospering. There are areas where there are four chambers of commerce where even together they do not do the work of one chamber of commerce. I have also been to areas where there are many different churches, but all together they do not do the work of one church. Why? Because we are divided into small groups. I see it all the time.

We could grow much more rapidly and accomplish greater things if we would unite in harmony and focus our attention on the things we want to accomplish. I have served more than a hundred North American and Hispanic businesses and I have observed that this is the basic problem, including those at the highest level. There are communication problems that look like a civil war. It is time for us to resolve our differences and focus on the things that unite us.

We must understand that a leader has to be a person open to others' points of view, and be prepared to listen to them, understand and evaluate them to consider how those concepts and ideas con be implemented.

People are fascinated with the idea of being a part of the growth process. We must give them the opportunity to feel a part of what we are doing. I believe that my personal success is based on the fact that I give my people a chance to participate, to share their opinions, to give me their evaluation of the concepts I present.

Many leaders have such a concept. It is said of Mr. Walt Disney that he allowed his employees to participate. They gave their recommendations, and when a project was concluded, everyone had participated. All felt satisfied because they had all contributed.

One of the most important characteristics of a leader is his faith. Faith in his people. Faith in the objectives and projects. But above all, faith in God.

Faith is an extremely important element for every organization, because it is an intangible element. You can't buy it in a pharmacy. You cannot request two pounds of faith.

Faith provides the dynamic to trust that God is leading us. And if God leads us we have no reason to fail before the obstacles.

Faith is the assurance that you will receive what you expect but cannot see. Faith is conviction, certainty, assurance. It is the determination that things will be accomplished through our effort and our work.

Faith is the foundation that motivates a group to follow their leader. It produces conviction and assurance when the leader transmits a vision to his people that will keep them united with a strong and solid confidence in the fulfillment of those dreams.

I have often wondered why it seems so difficult to develop faith. In reality, our nervous system and our spiritual conviction are not developed to handle faith. We have been taught rather to doubt and distrust.

Whenever I talk to people they always give me explanations about why things cannot be done, instead of focusing their attention on ways they could be done, and how obstacles could be overcome.

Faith is a spiritual ability that God gives a person to develop. You have that ability, that positive expectation to achieve the things you want to achieve.

Faith is very important when we face difficult times. In recent years economic problems have increased on a world wide scale. Faith is indispensable if we are to move forward in the face of great adversity.

Faith provides the dynamic to trust that God is leading us. And if God leads us we have no reason to fail before the obstacles.

Faith is another way of seeing things. When a leader has sincere faith in his organization and his people, they will also have faith, confidence and assurance, because that is what is transmitted. Faith can be contagious; you can give it to others. It's much like a cough. If you go into an office where everyone has a cough, don't doubt that you too will get it. If everyone is negative and doubtful, do not doubt that you will spend a day of doubt and insecurity. That is the atmosphere that is breathed.

Besides faith, a leader should be full of enthusiasm. We can define it as a divine spark that propels us to accomplish things. As a rule, great leaders —presidents and governing officials, business men— are great enthusiasts. It is another indispensable element that cannot be purchased or borrowed; it has to be developed.

Enthusiasm is a combination of various elements. When a person begins to develop it, he communicates it; he causes others to "catch it".

I don't know whether you have noticed how a group of persons is composed. The number does not matter; it may be ten, a hundred, a thousand, ten thousand, a hundred thousand. In any group those who are enthusiasts stand out. Those are the people we always see with a smile on their face. That smile is one of the most important elements of a leader, because it is the way he communicates his feelings to those around him. It could be defined as his password.

With a smile you can greet a person without even getting near him. That smile is a characteristic of successful leaders. A smile is part of the enthusiasm that a leader feels for his project, his work, his life. It is related to the genuine *desire and interest* that a leader has in reaching his objective.

Desire is an element that is born in the heart. We are not speaking here of a passing desire: here today and gone tomorrow. In this case we refer to a commitment, a vision, where the executive is committed a hundred percent to looking for every possible option that will provide solutions to the problems that would keep him from reaching his objectives.

Desire is firmness; it is the assurance that one must continue to seek options. I've read hundreds of books. I remember reading of when Mr. Ford was developing his eight-cylinder engine. For the engineers it was impossible to make such a motor and they had spent much time trying to do so. Mr. Ford had the desire, the commitment and the assurance that it could be accomplished, and he said: "Keep on, keep moving forward. Do not be sidetracked. Keep on!" And the time came when they developed an eight cylinder engine.

There are those who have developed extraordinary projects that demonstrate their great desire and enthusiasm for accomplishing their objectives. I have seen it in businesses, religious organizations and associations. I have seen countries without economic resources that look for formulas, strategies and incentives in order to develop their homeland.

This was evident when a man was placed on the moon. Who would have imagined that a man could reach the moon? But in 1968 it was done!

Much imagination and creativity were necessary, as well as a great desire to carry out such a huge project. Desire is the foundation of every great project. But the desire and interest alone of someone are not sufficient to fulfill a dream. *Knowledge* is also necessary. Without knowledge of how an objective is to be reached, it cannot be accomplished.

Consultants and advisors are basic elements necessary to carry out great objectives. If you do not have the necessary knowledge, there is always someone who does. But you need to know who that person is. A leader cannot know everything; but he should have the ability to listen and seek for help. He needs to find the best advisors on the market to develop his project.

I was able to grow because I recruited experts that served as advisors. They said to me: "The Hispanic community in the United States is composed today of twenty-seven million people; but by the year 2000 there will be thirty-five million. By the year 2010 there will be approximately forty-two million, and by 2050 there will be over a hundred million. We need to help the Hispanic market to develop. We must find Hispanic experts and others to advise us on how we can enable our people."

Knowledge is a basic element, because if you want to do something but do not know how, it will be difficult to accomplish. But knowledge, desire and interest alone are not enough to accomplish something; you also need *action*.

Action is the ability to do what is necessary to reach an objective. To do that you must make a decision. It is essential that the person be committed and have conviction. With assurance and a clear understanding of what needs to be done, your plans will become reality.

A plan of action to reach your objectives is indispensable; it is like a map. I call it your "passport to success". It is the passport that enables a leader to reach his objectives; those objectives that feed his desire and his knowledge, and that keep him on his feet.

Another important element is *determination*. Enthusiasm feeds determination, which is the will to keep struggling until you reach your objectives. When someone has a strong determination to find solutions to the problems that are keeping him from reaching his objectives, that automatically feeds his vision to find new knowledge and options, which feed his desire and interest.

Determination, together with conviction, give a leader the impetus he needs to keep struggling and working. But determination also communicates enthusiasm.

We need to become specialists in transmitting enthusiasm. That is not easy because we are beset with tension, urgent demands and great problems. If we focus our attention on the problems rather than on the solutions it will be difficult to be enthusiastic. But when we develop the habit of enthusiasm, we are able to leave the problems on the side, so as to continue focusing on the solution.

The behavior of an enthusiastic person is distinct from the behavior of a more traditional person. An enthusiast walks with a firm step, confident and decisive. He is committed to achieving the results that he needs.

We need to become specialists in transmitting enthusiasm.

Another important aspect is the *manner of speaking*. The way you speak is very important, because what you say is what you receive. When you speak in a positive and committed manner, sure of the results that you purpose to achieve, you communicate your vision.

The way you look into others' eyes is a way to communicate assurance and confidence in your ideas. People whose smiles are full of love and assurance are what our people need. That kind of person, that kind of leader, are the ones we need to help change attitudes and the negative habits that are hindering our accomplishing significant goals that we have a right to conquer.

When we are committed to a cause, that commitment communicates confidence and assurance, and begins to produces great things. The first thing that happens is that people want to be near you; they place themselves at your disposition to help because they have caught your enthusiasm. People begin to bring ideas, solutions and resources. Many times that includes economic resources.

We need to be leaders full of enthusiasm, full of faith; we need the ability to acquire the voluntary cooperation of our people. We must know how to provoke changes of attitude in others, set their hearts afire, and help them to reach their personal objectives.

A person who is enthused will fulfill his objectives in an organization to which he is committed. If we can combine enthusiasm with faith, we can change people into our best partners to develop the potential that God has given us.

Everyone, from a child of six years of age, to a housewife, a bus driver, a pharmacist, a political leader, a business man, has the responsibility to develop his leadership. We have usually been taught to follow, to imitate. Our education system, in spite of the help it has given to many people, can still do much more. One thing is to teach our children —our future leaders— to be persons capable of assuming the responsibility of managing our country, our institutions, our organizations.

We need to be leaders full of enthusiasm, full of faith; we need the ability to acquire the voluntary cooperation of our people.

I read in a magazine that some years ago Japan declared itself to be a country ready for the 21st century, simply because they are developing their leaders for the next century. They invest some twenty-six million dollars annually in a leaders' institute to develop brilliant men that will be able to guide their country in the next century.

That should motivate and enthuse us. Don't forget that we are the architects and designers of the future of our lives. How does leadership function in your home? How does it function in your work and in your church? How does it function in the social and civic organizations where you participate? How does it work in your athletic team? We can always improve, and to do so produces satisfaction.

9

CONTROL YOUR EMOTIONS

While talking with thousands of persons in recent years I have discovered a serious problem: how to control our feelings. We are able to control a car and operate a computer, but few know how to control their emotions.

There are people who have developed attitudes and thoughts that help them not to lose their emotional control. That is an interesting fact because it shows us that human beings have the ability to control their sentiments.

Two main steps must be taken if we are to control our feelings:

We must identify and appreciate what we feel when we are going through a certain emotional mood. Sometimes we feel depressed, frustrated or fearful and upset. We need to learn which situations produce those feelings. Our sentiments provide us support by strengthening us to identify options and overcome obstacles. We need to develop the curiosity necessary to discover the message that a certain sentiment or emotion offers us.

We must learn to manage our emotions. We need to have confidence in ourselves. We must know now to control ourselves when we feel frustrated, fearful, doubtful, wounded, uncomfortable, overburdened or inadequate.

When we suffer some disappointment, that sentiment can motivate us to take action.

Some emotional signs require action. When you feel uncomfortable, fearful, hurt, angry or frustrated, when you feel disappointed or inadequate, when you are overburdened or lonely, you need to know how to control those feelings.

For every minute that you spend upset, bored, disappointed or frustrated, you will need twelve minutes to return to normal.

For example, when you feel uncomfortable, that creates a sensation of concern and anxiety, and you feel that things are not as they should be. There may be an internal message of discomfort, tension, of not achieving the results you expected. When that happens you need to recognize it immediately, discover what positive elements can arise out of that situation and modify your mood by planning what you desire and defining the action that needs to be taken in order to achieve your purpose.

That is quite simple. When you have a thought or face a situation that makes you uncomfortable or bothered, by tapping your fingers you can send a reinforcement to your nervous system to change the situation. For every minute that you spend upset, bored, disappointed or frustrated, you will need twelve minutes to return to normal.

Every time you receive a message of discomfort in your system, say: "Let's see; what else can I do just now? What can I improve or learn in this situation?" As we mentioned earlier, successful people do not spend more than ten percent of their time on their problems, but they spend ninety percent in seeking a solution.

Other common feelings are fear, worry and anxiety. We often feel that something is going to happen and prepare ourselves to avoid the shock. We are constantly on the defensive, struggling against fear. Fear must be overcome by faith, for when there is fear faith is absent. Faith is the antidote for fear. We must constantly struggle against negative situations and we need to confront those situations with faith and the conviction of things we do not yet see.

It is important to reinforce yourself by saying: "I am afraid because I have to make this presentation"; or "I am afraid because I am facing this situation and I don't know how others are going to react." Recognize what causes you fear and worry and you can then begin to see the solution.

When we worry it is as if we were filming the scene in our mind. We become fearful when facing a certain situation and we lose control. We must find a substitute for the fear and strengthen ourselves by filming a scene of the solution to the problem rather than a defeat.

On other occasions we feel hurt. That is a sensation of being wounded which is generated by a loss. It may arise when we are expecting someone to keep his word and he does not. We lose confidence in the person who has hurt us. Do you know what to do? When someone has wounded you, you need to speak with that person. We often discover that the problem was a simple misunderstanding.

A person may forget what he promised. Someone may receive money as a loan and forget to return it. There are many circumstances that can hurt us; but it is important to avoid the sensation of being wounded. When you feel wounded, that produces a bad taste and suffering. That in turn produces a loss of energy which weakens you.

Another common feeling is anger. We may become easily resentful or infuriated if someone breaks a rule that is important to us. We find ourselves constantly struggling with those sentiments, and we must learn to overcome them.

Still another feeling is frustration. Frustration is produced when we put forth effort to obtain certain desired results. Many are tired of failing. They have struggled many times, they have tried every means but still are unable to say they have been successful.

When you feel frustrated, remember that others who have been successful in life did not find success the first time they tried something. Thomas Edison was not immediately successful. Einstein and other great scientists did not accomplish their goals on the first day of their work. Be flexible enough to recognize that if one way of doing something does not accomplish what you proposed, there must be a better way of doing it.

Try to find a role model you can imitate. Someone that has already accomplished what you want to accomplish, someone that knows how to achieve it and can give you orientation as to where you can turn to fulfill your dreams. Frustration works in conjunction with disappointment. To feel disappointed, sad and defeated for expecting more than you were able to achieve is a normal feeling. I find people disappointed because they expected an increase in their salary, or a gift, or because they hoped it would not rain and it rained. But we must learn to overcome those feelings.

When your expectations are not met, just review them and adjust your expectations so they are more appropriate to the reality. Often when I travel, the plane is late. It is frustrating because I need to be in another city at a certain hour for a seminar or to present a conference. In such cases I have two options: I can get into a bad humor or I can recognize that it is beyond my control; I simply must wait until the plane arrives. We must use our imagination to learn from these situations and develop patience.

Inadequacy is another common sentiment among our people. We feel we are unable to do something that we think we should be able to do. When that feeling arises, I suggest you seek more information, evaluate your strategies, look over the tools at your disposition and define the confidence that you have in your project or in your work. Remember that none of us is perfect and that life is not perfect. Always look for a role model you can imitate and try to find a better way of doing what you want to do.

You may often feel overburdened. It seems that you cannot change the situation, that the problem is too large, that you are trying to accomplish too many things at once. But no one can change everything overnight.

I recommend that when you feel overloaded you should establish priorities. Make a list of what is more important and most urgent, and determine a plan of action. You will see that in spite of your feelings you are in control of things and you will begin to visualize the situation and determine what to do first.

When I feel overburdened, I usually tell myself that it indicates that I have many opportunities. When I see my desk full of options and problems, seminars, conferences and work, I look at myself and say: "The fact is, I am very blessed! How many opportunities I have!" When I have many situations to resolve, I must give them a positive focus so as not to overload myself.

Another feeling that often affects us is the sense of loneliness. We feel alone even when we are surrounded by people. I have a friend who says that the sickness of the twentieth century is loneliness. When you feel alone, you must decide with whom you can share moments of companionship, for you need to relate to people. You need to recognize that you can leave, you can listen to others, you can converse, you can laugh.

I have given you this summary of feelings so that you can see that we are constantly bombarded by sentiments, most of which are negative. Others have the ability to create in you different emotional states and you have the ability to control your emotional state.

I have learned an interesting technique to modify my emotional mood. It's a matter of asking questions. When you ask questions, they help you to change your focus. Instead of focusing on the negative, you can focus on the positive.

If we expect to change, we must have a higher concept of ourselves. We need to change our beliefs about what is possible and develop strategies to achieve what we desire.

How do the questions work? Questions enable us to change the focus of our attention and, in consequence, the way we feel. For instance, when I get up in the morning, I ask myself: "What am I happy about today?" Then I say: "Okay, I am happy for the fact that I am breathing, that I am moving, that I have a wonderful family, that I have this project, that in the afternoon I have a conference. I am happy because I am going to meet many interesting people and I am going to sow a seed in hundreds of persons to help them to change their lives."

"What is it that makes me happy? What is good about the problems I am facing?" Instead of thinking how great the problem is, think about what is great about the situation. As you ask the questions, the goal is to identify what makes you feel happy by changing the focus and modifying your emotional mood. That is to say, when you ask yourself a question you are telling your computer —your mind— to tell you what makes you happy today. Then your computer automatically enters that order to look for good things that will enrich your life and it begins to pour out data about what makes you feel happy. The questions enable us to change our focus from the negative to the positive.

In a certain sense, depressed and happy persons are similar. The depressed person suppresses the things that make him happy while the happy person gives place to the things that make him happy while suppressing those that are negative.

Our mind is programmed to focus attention on a small number of things at a time and spends a great deal of time trying to give priority to what needs our attention while suppressing others to which we do not need to give our attention. If you feel lonely and sad it is because you are suppressing the reasons for which you could feel happy and content. We find those things that we seek and on which we concentrate. You need to begin to see yourself in a different way, you need to change the resources that are around you. The questions we ask develop our perception of who we are, what we are capable of doing, and what we are willing to do to fulfill our dreams. For instance, when I have a problem I ask myself what is so big about that problem.

As a rule you say that a certain problem is really big; but if you ask yourself what is big about the problem, you will begin to see it is small.

- What can be improved upon?
- How can I learn from this situation?
- What am I willing to change in order to achieve what I want?
- What am I prepared to do to bring about a change?
- How can I take advantage of the process while I do what is necessary to achieve my goals?
- What should be the next step?

When we ask this kind of questions, we change our emotional mood and concentrate on the solution. And when we focus our attention on the solution, we immediately become people of action and we can be sure that we will see results.

I urge you to take the following dynamic test. When you get up in the morning, ask yourself:

- What makes me happy?
- How does the present situation make me feel?
- What things stimulate me?
- How do I feel about this situation that stimulates me?
- What makes me feel proud of my life?
- What am I especially enjoying at this stage of my life?
- To what am I committed?
- Who do I love and who loves me?
- What makes me want to love?

- How do I feel when I love someone?

When you ask yourself these questions, right away your spirit, your mind and your body focus on the good things you have.

Another dynamic is to ask yourself before retiring concerning what you learned in the day.

- How was I able to enrich my life today?
- Who was I able to help?
- What is still not as it should be?
- What made me happy today?

The questions will enable you to reprogram yourself while at the same time focusing your attention on positive things. When those around you speak of problems, you will be speaking of the good things you experience. Why? Because when you focus your attention on good things, your nervous system also begins to focus on good things. Then what happens? You will automatically see solutions and you will become a different person. You will no longer suffer from a fallen jaw, nor a downward look, and your smile will not be artificial. You will be a person with a smiling face and a firm look. You can be happy because you are in control of the future of your life. You will walk with firmness and when you speak you will communicate the confidence you have because you know that there is no problem without a solution.

We are the architects and designers of the future of our life. Our future will be the result of the decisions we make today. And today we face the result of the decisions that we made in the past.

Every day continue with this questioning procedure. I have shared this dynamic with hundreds of people and they have confessed to me that it has changed their life. Thousands have begun to reprogram their nervous system and have begun to change their life style. I thank God that I have been able to help many people conquer their future.

The crystallization of our vision is vital if we are to change our feelings. What you see, what you visualize in your future, is the most powerful tool at your disposition to change your vision. The power of your decisions is the power to change the invisible into the visible. God has given us that tool and that ability. The decisions that you make will control your destiny. Where are you focusing your attention?

It is imperative that you make a genuine decision to change your life. To make a genuine decision means to commit yourself to achieve results and to put aside anything that hinders you from reaching the goal.

We have decided to be successful, right? And the formula for success is to live in such a way as to be content, a way that provides pleasure, happiness and joy over what we are accomplishing. Once you decide what you want to accomplish, you set into motion the action train. Watch what works and what does not work and start changing your attitudes and your thoughts until you achieve what you want, for the truth is that you are destined to triumph!

Most people have not been trained to make decisions. They function on automatic pilot. They arise in the morning, wash and dress, have breakfast and go to work . . . all automatically. How can that pattern be changed? How can we make good decisions?

First you need to understand that your decisions are based on your beliefs. Your beliefs —what you have seen in the past, your history, your habits— and your entire life is like a video cassette recorded in your subconscious. And that influences your decisions.

It is also important to recognize that your decisions are based on what you consider vital in life. It is like your frame of reference. If on one occasion you faced a situation and resolved it in a certain way, that serves as a reference. On another occasion you do not need to suffer the same consequences or face the same circumstances.

Decisions change according to the questions you ask yourself. And your emotional mood can change if you make a decision to not follow a specific emotional mood. "I am not going to allow myself to continue to be bothered . . . I don't need to feel afraid . . ." We must see that we have the potential to change our feelings. The day you decide to no longer be a slave to your negative feelings will be a day of triumph.

On a certain occasion when I was giving a conference in a hotel, two roaches were standing on the head of one of the participants. That was like a revolution! Many people began laughing; others remained seated without saying a word; but the majority started to scream. What happened? Different sets of emotions came into play.

The greater the problem you face, the greater the opportunity you will have to use the potential God has given you.

Three distinct reactions were evident: to some it made no difference; to some it was funny; and others were afraid, producing a mass hysteria. There were about two hundred people in the hall, so you can imagine the disorder that we experienced.

"Don't get upset; don't lose your cool," is the necessary message. When you are unable to accomplish what you planned, consider the obstacles and identify and seek options in order to overcome the circumstances. Don't lose your faith. Don't allow your will to be undermined by adverse forces, by negative comments, by people who are false. You will multiply your forces if you give God the opportunity to work in your life.

To become desperate is to lose control of your imagination, of your creativity and your enthusiasm. If we become desperate, our vision is blurred as is our ability to seek options for the solution. For every minute that you spend in desperation, disappointment and defeat, you will need eleven positive minutes to return to normal.

When you get upset or disgusted, you are surrendering the control of your feelings to another person and you become his victim. Remember that reaction is not the same as action. Keep calm and reassure yourself that the greater the problem you face, the greater the opportunity you will have to use the potential God has given you.

Start to evaluate the state of your feelings. How are you reacting to life? Start identifying your options by asking yourself questions, realizing that you are not yet perfect, that you can learn from the situations that arise. Start to focus your attention on the good things within you.

Remember that we were born to triumph, that we have all the requisites to be successful. The decisions you make today will mold your future in the same way that the decisions you made in the past have molded your present.

My goal, my vision and my dream is to contribute to making changes in people; but I cannot make a decision for you. Will you control your feelings for your own good and for the good of others? I trust you will.

10

MOTIVATION CAPSULES

Our attitudes are a reflection of our thoughts, our habits and our self-image. The way you see yourself, the respect you have for yourself and the faith you have in the potential God has given you have a direct relation on your success or failure.

You can triumph; I assure you of that. Your greatest potential is your ability to think, create, visualize and imagine possibilities and options to overcome the obstacles that get in your way and hinder the accomplishment of your goals.

Your spiritual life has an extraordinary reach. God has given to human beings the ability to live in fullness; as children of the King we have the right to live as princes. The faith that you have in God, in yourself and in your people will provide the impulse to live a full life.

Your physical strength is one of your major riches. As I have said earlier, you are a special person; you are unique among the five billion inhabitants of our planet. The results that you have achieved in your life until now are due to the decisions that you made in recent years and the decisions you make today will affect the results that you will know in the coming years.

I guarantee you that you can triumph. Make a personal evaluation and define which aspects of your life should be improved. Once identified, determine the steps to follow to overcome those deficiencies. You should develop a profound commitment that will allow you to invest your energies, your imagination and the necessary determination in order to triumph. That will help you to develop a will to struggle that will turn you into an overcomer rather than one who is overcome.

Your latent potential, your desires, your needs and your ambitions are seeds that can germinate. Simply stated, they are undeveloped talents. What you clearly visualize, all that you sincerely desire, is within your reach. It is said that "everything that you can vividly imagine, ardently desire, sincerely believe and enthusiastically understand will inevitably come to pass."

It is true that your desires are like seeds that have not germinated. And your talents do not develop themselves. Your development requires action, dedication and planning. Everything that you imagine, visualize and ardently desire to acquire can be yours if you make plans to obtain it.

We need to recognize our abilities and our potential. We need to value our ability to think, to reason, to remember, to visualize and to imagine. To decide and to believe are the unique responsibilities of each person. In order to achieve ten times more than we now achieve we simply need to recognize the potential that we have in reserve.

Negatives attitudes in our personality are often our main obstacle. They do not allow us to see that we have sufficient abilities and the necessary potential to experience a life full of success and satisfaction. We are the ones who do the molding. We are the creators of our future. Our potential is unlimited except where we set the limits.

One opportunity that everyone has is the possibility of beginning again. Every day is a sign that God gives us to start anew. The past is dead. We can do nothing to repair it. But the present and the future belong to us. They are at our disposition in order to contribute toward a new life.

Don't expect to accomplish great things without previously visualizing your goals and working ardently to reach them. Everything in life is in a constant process of change. We often react against change because of our fear of the unknown. We are even more reactionary when dealing with internal changes. Instead of resisting the inevitable, we need to recognize that progress, growth and change constitute a law of life and that we need to be prepared for change through planning.

Decide today that the changes that occur within you will be in accord with the goals that you have established. Every day that passes you have more opportunities than you have ever had, simply because you benefit from the past. You have at your disposition all the accumulated knowledge from all past ages. You have the same amount of time available as any other person to create something new and to make plans. You can fulfill your dreams, your goals and your objectives!

God has given us the tools to visualize what we want to achieve. To define with precision what you need, what interests you and what you want to accomplish is the first step you must take in order to reach your goals. The chemistry that is generated when you establish a desire revolutionizes the way you think, revitalizes your enthusiasm, increases your energies and motivates you to identify the process to fulfill your objectives.

To have no clearly defined goals is to live your life in an improvised manner without direction. Improvisation is the first symptom of a lack of planning. People often complain of the meager results they are seeing and they do not know that they are themselves responsible for not planning what they want. Faith in your goals is like the gasoline that generates energy that you need so that you will move full of motivation toward the conquest of what belongs to you. Do not fight without determination, perseverance and conviction, for that would be like trying to live without oxygen.

Stop today and define what you want to achieve in the next few years and you will see that the results will inspire you and those around you. You can fulfill your dreams, your goals and your objectives. The decision is yours and, as I have been repeating, the price of success must be paid up front and in cash. It is paid by working.

> *Stop today and define what you want to achieve in the next few years and you will see that the results will inspire you and those around you.*

Success is the progressive accomplishment of your goals. In the process of reaching success, we must crystallize our vision. We must define where we are and where we want to go. We must evaluate our condition physically, emotionally, spiritually and socially, as well as our economic condition, and we must establish priorities. It is extremely important to determine what we are going to do first, in line with our system of values and our needs.

"What kind of person do you want to become?" When I was asked that question some years ago, it opened my mind and heart, and I responded in the following way: "J.R. wants to become a tranquil person, that breathes peace and communicates love. He wants to be strong, vigorous, enthusiastic and creative, rich in knowledge, in money and in happiness. J.R. wants to be prosperous, sensitive to the Holy Spirit, strong and powerful in knowledge. His muscles are strong, his dental structure is sound, his skin, his hair and his nails are youthful. J.R. is an agent of change; one who transforms people. He is an expert in public relations, an excellent motivator and a good speaker. He is also an understanding father; he shares common goals with his children. He is an excellent lover, husband and companion. He breathes happiness and communicates confidence and assurance."

I would like to see many others who can say what they would like to become. Are you one of those persons? The first thing you must do is define what you want to do and what you want to reach. A written plan is the map that indicates your direction and eliminates distractions. It serves as a point of reference to save time and energy.

When you have a deadline, your body chemistry makes you stay alert. You think, act and react with urgency. You develop an internal challenge and respond to that challenge with a positive mental attitude. And if you have a written action plan, you can better identify the obstacles and the barriers that stand in the way of the achievement of your goals.

At times personal barriers arise due to a need for greater growth. When you have a written plan, you spend the required energy to overcome the large obstacles instead of floating through life without a rudder.

Without the dedication of your own effort, you will never achieve success. It doesn't matter how worthy are your goals or how practical your plans, if you are not dedicated to them you can expect nothing but failure. Perhaps you need to rediscover the freshness, the vitality and the enthusiasm that you had as a child. That will prepare you for a life that is rich and successful.

When we experience anxious and ardent desires for success, that sentiment strengthens our effort to employ all our potential and all our creativity. We need to produce confidence in ourselves. To develop that confidence, we must have confidence in our abilities. Most important is that we have confidence that we can make the changes that are required to reach our goal.

All changes are generated by altering our attitudes and thought habits. Confidence will allow you to see the victory and it will help you to use your skill instead of giving up when problems appear. With a change in your thinking you will begin to seek new ways of doing things instead of presenting reasons to explain why you are unable to do them. You will develop a determination that will enable you to apply the necessary energy. You will use the experience and knowledge that you have within you. In doing so, you will become convinced that you were born to triumph.

People do not fail because they are unable to overcome the obstacles, but because they give up. The crucial message for today is that we must persevere. Perseverance is the habit of continuing until your objectives are reached. The more persevering you are, the more you can be sure of success.

The secret of motivation is your attitude. In thirty seconds I can detect people that are motivated, by the way they walk, the way they speak, the way they greet others. A motivated person is constant in his words and actions; he makes firm decisions. A motivated person has enough imagination to make improvements every day. His words reveal the quality of life he is living.

A motivated person has goals, specific desires, expectations, faith, the ability to visualize and he is motivated to act. Ninety percent of those who fail in life do so because they give up before reaching what they want. Worse yet, most do not know what they want.

If you do not know what you want, you cannot be motivated. Most people live by improvising; but we must be motivated to be more creative, more responsible and more efficient in our work.

Motivation is based on a system of interchange that is both tangible and intangible. Some leaders have used fear to produce motivation; but they eventually fail. Fear does not produce changes in attitudes. Through fear a person may become adapted to a certain system, but he cannot use his potential because he is insecure. A insecure person is on the defensive and is inefficient.

Some leaders seek to motivate others through incentives. Recompenses are offered in exchange for certain actions. But as soon as the desire is satisfied, there is no incentive to motivate the person and often what began as a recompense winds up being understood as right.

Motivation through a change of attitudes is more powerful. When we comprehend and accept human nature as it is, we find the opportunity to grow and develop creativity.

You are the sum of all your thought habits. We are victims or beneficiaries of our attitudes. They can be a blessing or a curse; but for the purposes of change, growth and fulfillment we must put forth an effort to change our attitudes.

Motivation is contagious enthusiasm that revitalizes our vision.

Let us accept the challenge to be the best motivators. You are your best motivator. If your life has meaning, if you have specific goals, if you feel loved, if you know God, if you are motivated by an internal spark toward the fulfillment of your desires, you can become the best motivator in the world.

Motivation is contagious enthusiasm that revitalizes our vision. Motivation is the desire that generates an internal force. While others tell us that we cannot, that we would waste our time, that others have tried and failed, our conscience confirms to us that we should continue, that we should keep on until we find the formula to overcome the big obstacles.

As I have already said, you are a special person. There is no one else just like you on this planet and I assure you that you are destined to become your best motivator. You are the reflection of your self-image. The way you speak, the confidence you have in yourself and the vision you have of yourself are necessary elements to your success in life. As a person you have been conditioned in a certain way.

The two hundred or three hundred thousand hours of life that you have recorded in your subconscious feed your self-image and reflect your experience. The love that you have received, your ability to overcome, your personality, your thoughts and, at times, the sum of all these facets, can become the greatest encouragement or the worst obstacle in having a good image of yourself.

Start today to see yourself as the greatest miracle in the world. There is no other photocopy of you. You are an original.

Our attitudes are the reflection of our internal comprehension and acceptation. When you know yourself and understand yourself, you reflect an equilibrium to face the demands of your life. You have the wisdom to know what action to take under the unplanned circumstances and you have the assurance that every situation has a solution.

Start today to see yourself as the greatest miracle in the world. There is no other photocopy of you. You are an original in your way of speaking, acting and feeling. You should be proud that God has given you a life to enjoy and live it giving thanks to him who has given you all the potential to be happy.

Your words are powerful. The power that you have in your particular manner of speech is extraordinary. It is the tool that can change your way of thinking and seeing things, as it can change your attitude and affect your conduct. If you arise and say: "I am happy today because I am breathing two thousand four hundred gallons of oxygen. This is going to be an extraordinary day!" that is a positive affirmation that will define your attitude throughout the day. Affirmation is the act of expressing your beliefs; it is the declaration of what you believe.

Your mind is a computer. It controls your actions, your feelings and your attitudes in accord with the materials that you give it to work with. There is a specific action of substituting negative ideas with positive ones. When you make a positive affirmation, you are simply creating an image. And with that mental image you are strengthening yourself. It is similar to the athlete that is running or the musician that is practicing and playing the piano every day or the student that is studying.

When you say that you are an excellent person, you are preparing yourself to accomplish an extraordinary work. Every new day offers a new opportunity; there are many things to win and few to lose. If you affirm and say that everything is possible to him that believes, that affirmation will automatically produce confidence, assurance and determination.

I suggest that you review your vocabulary. Use words that transform. Don't say that you are tense, but rather that you have many opportunities; that you are running over with energy. Don't say that you feel sick but rather that your organism is in the process of cleaning itself. Don't say that you are bored, but rather that you lack action.

Through the way that you speak you communicate to your mind a direct message and your computer begins to react. Do yourself the service of cleaning up your vocabulary. Develop affirmations that transmit to your system what you are, what you want and where you want to go. I guarantee that you will accomplish extraordinary things if you follow this method.

Never forget that the way you speak will have a direct relation to the success or failure in your life. Consider yourself a special being. Start to speak as you should speak, like a victorious person, a person who is confident that he was born to triumph.

11

DEVELOP A MAGNETIC PERSONALITY

During my conferences I am often asked what I have done to develop aptitudes of a victorious person. The answer is quite simple: you must have a good image of yourself. We need to develop a positive self-image and train our nervous system to have confidence, assurance and determination. You must be convinced that you were born to triumph!

At the conclusion of each conference, the people that leave are not the same as those that entered in the morning. In appearance they are the same; but they have since decided to produce a profound change in their life. They are different in their attitudes and in the way they see themselves.

To control the image you have of yourself is vital if you are going to be successful, happy and enjoy life. As the architect and designer of the future of your life, you have the responsibility to pave the road of confidence in yourself. How can you do that? There are tools and strategies to achieve that. I want to dedicate this chapter to that subject.

We train our nervous system by visualizing what we are going to do and identifying where we want to go. We know what enthuses us, what moves us, what revitalizes us. When we have clearly defined what we want to do in life and where we want to go, we automatically produce confidence and assurance that are contagious.

But that is not all that is necessary to have a magnetic personality. You also need to develop good relations with the people around you. You need to see things from the point of view of others and get along well with them.

You may be a very successful person financially and in your family; but if you do not have the ability to get along with people and live in harmony with others, you will not be able to enjoy your success.

Leaders need to identify specific strategies for improving relations with those around them. They should establish strategies that will enable them to do their work better and to develop within their community. To maintain harmony is not easy, because people are not trained to live in harmony. We have already seen that, generally speaking, we are negatively trained. We seem to always suppose a problem exists where it doesn't.

If a person is successful, sometimes that seems to bother his neighbor, his friend or his co-worker. Do you know what we should do? We should start to rejoice over the success of others. We should get to know the needs of others and help them to satisfy those needs. In that matter communication is very important.

You develop a magnetic capacity if you know how to communicate with others and if you know how to listen. This is not limited to verbal communication. Our non-verbal communication plays a very important role since only seven percent of our communication is verbal. Thirty-eight percent of our communication takes place through the tone of our voice and the emotional segment of our communication occupies fifty-five percent.

When you find yourself with someone that you have not seen for a long time, you are happy to see him and you may say: "Man, how long has it been since I last saw you! It's been twenty-five years since we were in school together, right? What a pleasure to see you again!" That greeting expresses a feeling of satisfaction and happiness. Your smile, your emotions and the tone of your voice transmit a non-verbal communication. The blood flows more rapidly in your veins and your face is flushed. Those expressions communicate more than your words.

We also communicate through body language. A kiss or an embrace can communicate much more than an extensive discourse. Artificial elements such as clothing, perfume, jewelry or eye glasses also serve as an indirect means of communication.

Besides these elements there is an internal communication. Here we refer to all the hours we have lived and that are recorded in our subconscious. Our references, our history, our beliefs . . . all these are resources that we use to communicate.

Let's say you have only thirty seconds to make a good impression. You can do so by the way you walk, through a smile or a look, through the clothes you wear or the words you speak. If you lose those thirty seconds to make a good impression, usually you will not have a second opportunity.

Communication is also possible through our sensory system, that is, our ability to see, to look, to imagine. It is visual communication, through colors, and through what is light and dark. Eight-five percent of what is perceived by our sensorial system enters through sight. Those of us that enjoy the blessing of being able to look and see are being bombarded by millions of announcements in the newspapers, signs and television. These are all means of communication.

Another kind of communication is through our auditive faculty. We receive much information through our ears. At times the noise is so loud it bothers our eardrums. But there are other sounds, such as soft and beautiful music, that communicate peace.

As human beings we are constantly sending or receiving some communication. A vital aspect of communication is the ability to listen. When you are sharing some moments with another person it is very important to listen to what he says and remember it. We need to listen effectively and we need the ability to awaken interest with our eyes. We should look people in the eye, give them our attention and our confidence.

It is important to practice this since, as a rule, people are fascinated when someone listens to them. They enjoy having your attention. You show them attention by looking them in the eye and confirming that you understand what they are saying. Listen with attention and concentrate on what the person is communicating, but don't make yourself a judge.

Don't judge people by their appearance.

Don't judge people by their appearance. Often we do not like the color of their hair or the clothes they use, and therefore we unconsciously reject them. Others perceive that. If we want to have a magnetic personality we must accept people as they are; we must be open and know how to share our time with them.

When you converse with someone, it is important to summarize what they are saying. Clarify what they are saying. I recommend that you say: "What you are saying is . . . I understand perfectly. Let me think about it and I will give you a call. I will evaluate it and get right back to you."

Do you have a magnetic personality? Review your attitudes. Do a self-examination by asking yourself the questions and information that follows. This is based on the model of a person with positive attitudes and the objective is to help you to strengthen yourself.

Make a list of the positive attitudes you have. I always recommend that you make a list of the positive characteristics and also of the things that do not completely satisfy you.

Are you satisfied with yourself? I am fairly satisfied with myself. I have been improving over the years, polishing myself up, I have identified my weaknesses; but I am satisfied with my person. I believe that I can still improve, but it is a process of growth.

Do you put your best into your work? Do you make the best possible effort in the work you are doing and in the projects where you are involved? Studies show that we generally don't even give ten percent of our talents and abilities to resolve problems that we have on the job, in the business or in another center of our work. You need to review whether you are giving the best in your work.

Do you have goals and do you put forth an effort to achieve them? What are your goals physically, socially and culturally? What do you aspire to reach family-wise and financially? What contribution are you making to your community and your country? Identify your goals, because your goals give meaning to your life and charge up your battery so you can keep going.

Are you able to differentiate between problems and opportunities? People with many problems often concentrate on their problems without focusing on the solutions. Usually problems can be opportunities. We must evaluate whether they are really problems or opportunities.

Are you open to learn? Are you satisfied with the opportunities offered you to learn? Do you like to listen, study, read and analyze? Are you willing to listen, or when you are not in agreement do you simply close your mind and the channels of communication and say: "I'm sorry, but I already have my own point of view and I am not going to change"? We often have prejudices and preconceived opinions and we are not open to other points of view. That affects us negatively.

Are you willing to take risks? We often are afraid to fail; we are intimidated by the thought "What will others think?" and we are unwilling to take risks. We don't want to change our life because we don't want to risk anything. Remember that cowards don't write success stories. When there is very little to lose and much to gain, it's worth the risk. What is your attitude about taking risks?

Are you in control of your emotions? Do you find it difficult to control your feelings? Do you often feel uncomfortable? Do you react violently when you hear certain comments? Are you usually of good humor, or rather bothered and irritated? You need to remember that for each minute you spend with negative feelings you need to spend eleven minutes to get back to normal.

Are you enjoying life? No day that you live will be repeated. Today will not be repeated. Monday will come again, but it will be another week, another month, another year. God gave us life to enjoy. Are you enjoying your life, your family and your work? Are you content and can you enjoy the decision that you must make? Do you feel happy?

If you have responded affirmatively to these questions you have a good attitude. If you were unable to answer affirmatively, start today to take note of the things you need to improve in order to strengthen your personality.

I recommend that you prepare more. You can enlarge your knowledge in many ways. Subscribe to magazines that interest you and read books that will enrich your knowledge. Read at least one book a month. A book a month? Yes, a book every thirty days, because it is a way to enrich yourself and charge up your batteries.

Perhaps at the outset you will need three months to read a book. Maybe in the first year you will only read three or four books. Don't give up; continue reading. You will enrich your vocabulary in an extraordinary way, and at the same time you will enrich your knowledge. Perhaps you can read two or three books at a time, which is my practice.

Participate in conferences and seminars. Seek out people with specialized knowledge in the subject where you need improvement. Whether it be in the field of finance, human relations, administration of your time, matters of management or communications, there are experts that have programs already established in which you can improve your knowledge.

You will not be able to have a magnetic personality, a personality that makes an impact, until you have a good relation with God.

Listen to cassettes that will help to expand your vision. Remember that when you listen you learn five times faster than when you are reading. Therefore, when you attend a conference get the cassettes of the conference and listen to them repeatedly. The messages will be recorded in your subconscious and you will be able to put them into practice and share them with others. Meet with others who have a positive focus, because if you meet with those whose focus is negative it will produce negative results.

Moreover, you should be jealous to protect your mental health and the quality of your thoughts. The people that are close to you should be positive in their outlook. Consider with whom you are spending your time. It should not be with those who steal your joy and happiness in living, growing and developing.

Our physical needs may be resolved by eating a plate of rice or beans or a hamburger and a cold drink. We sleep to charge our batteries and we arise the next day with energy to keep struggling.

Besides the physical, there is the emotional. Our emotional needs are satisfied when we feel loved and accepted.

Finally, establish a strong relation with God. You may ask why I speak about God in regard to these matters. Just as we have physical needs, we also have spiritual needs.

Our spiritual needs are also important. If we do not satisfy those needs, we will not be balanced in the emotional and physical aspects. The Bible tells us that God put eternity in man's heart. You will not be fully satisfied until you have intimate communion with God.

You will not be able to have a magnetic personality, a personality that makes an impact, until you have a good relation with God. Your development in the spiritual area of your life will provide you with emotional balance, and emotional balance will give you physical balance.

These rules of the game are not an invention of mine. They are written in the Bible and I have proven their validity for over twenty years. I know many others who have also proven them and implement them daily. Those people are rich in their quality of life, in their attitudes and thoughts.

Evaluate your spiritual condition and all the other aspects of your life. We should do this daily, weekly, monthly . . . and yearly. Every day dedicate ten minutes to such an evaluation. Control your work calendar and your list of items for each day and evaluate the way you spend your time. Did you spend it on important things? On things that were urgent and had to be done today? On matters that are vital to the development of your life?

If you review your calendar every day you will soon see in what matters you are wasting your time. You will realize the kind of people with whom you are associating and the projects you are developing. You will understand which matters are being left out and you will see whether you are properly focused.

Besides the daily evaluation, you should spend time every week —preferably over the weekend— to see whether you are fulfilling the objectives you have set. You need to focus your attention on the next week's objectives as that will give you a dynamic of direction and movement. And others enjoy working with people who are busy, who know what they are doing and who fulfill their objectives.

Then you will also need to evaluate your situation monthly to see what your achievements were during the month. You need to define your plan of action for the next month. After three months you should review with your work group and with your family your accomplishments during the past three months. Ask yourself: "What is not yet perfect? What needs to be improved? What should be our work plan over the next three months?"

In your work as well as in your home you should have a common vision. Define where you are headed in both your business and your family. As you prepare your evaluation, these are some good questions to ask:

- Where are we going?
- Which projects need to be done?
- What are the obstacles that we need to identify beforehand so as not to find ourselves in a crisis?
- What is our budget?
- Who takes a vacation?
- What tasks are important and must be carried out?
- Who will be in our home as a guest during the next month?

As you begin to identify on a quarterly basis what is happening, your vision will expand to see things that must be done. I assure you that planning in advance will give you confidence and assurance.

You also should have a six-month evaluation. Every six months I take a vacation and spend a few days to evaluate my situation. We also do an evaluation in the family. My wife, my children and I do this evaluation together. We ask ourselves:

- How are things going in the home?
- What things are not yet perfect?
- In what aspects can we improve?
- How are the children's grades in school?
- How is our diet?
- Are we exercising regularly as we should?
- How is our spiritual situation?

- How is our cultural and social situation?
- How about our physical condition?

As we evaluate and review where we are and where we are going, we feel ourselves part of a team. That makes us feel united, having the same objectives and the same vision. Such a unity of purpose produces strength, peace and joy.

Finally, at the end of each year, we should summarize what happened over the year. We need to see what were the accomplishments, the most pleasant occurrences during the year, and what happened that revolutionized our lives. We should give attention to what is not yet perfect and what needs to be improved in the course of the next year.

The evaluation will help you to develop your vision and contribute toward acquiring a magnetic personality. When you understand the direction in which you are headed and have a clear vision, you communicate that in your behavior, in the way you walk and in the way you react emotionally. In doing so, you can motivate others.

Once you learn to communicate with others —listen, converse, understand— and know how to be humble while still standing your ground, you will have a magnetic personality. You already have that personality, although it may be like a sleeping giant within you and wants to be freed. Give him that opportunity!

12

BEGINNING THE NEW CENTURY

We are on the last stretch. But before I leave you I want to give you some more tools with which to charge your batteries. My goal is to help you reorganize your life for a new beginning. Today can be the first day of your new life. The only thing lacking is for you to believe it is.

You need to have a positive expectation so as to change your life style. Remember when you were a child and wanted a gift? You had a positive expectation concerning the gift, right? Remember how you awaited the arrival of a very dear family member? Or when you expected them to take you for a ride? With the passing of the years those positive expectations begin to die and we begin to develop negative concepts that rob us of the ability to maintain positive expectations.

I have already recommended that you assume a positive attitude when you get up in the morning. Condition your nervous system to act positively; focus your attention on positive things and you will have a good day, even though you may face adverse circumstances.

A very important element in reorganizing your life is enthusiasm. The Greeks defined enthusiasm as "having God within us". Enthusiasm begins with an ardent desire; for example, when you desire something desperately and you are willing to pay the price and work any number of hours to get it. That kind of ardent desire produces enthusiasm.

Knowledge is also important. You need to know how to do a certain thing, and if you do not know, you must inquire how to do it and find someone to help you. Knowledge, along with your interest, will carry you forward to reach your goals.

It fascinates me to spend time with children, for nothing is more extraordinary than to enjoy their enthusiasm. When my children were small, Santa Claus visited them and brought them gifts. I will never forget their enthusiasm while opening their gifts. They had joy and expectation. Do you know something? Such enthusiasm is lost with the years. I encourage you to look within yourself to find the freshness of a child and start to visualize the kind of life you want to live.

If you are not enjoying life as you would like, you simply need to reorganize your strategy and make a commitment for a new beginning.

Visualization is the bridge between the present and the future. Visualization is the ability to see what you are going to accomplish. Visualization is the ability to identify beforehand the obstacles so as to pave the road and fulfill the dreams that we have a right to conquer.

If you are not enjoying life as you would like, you simply need to reorganize your strategy and make a commitment for a new beginning. But for that new beginning you need to define the kind of person you want to become.

If you want to produce a significant change in your life, you must make a decision. You must make a commitment to reach your objectives and put aside any possibility of failure or distraction with any other issue that is not related to what you purpose to achieve.

If you want to become a different person you must evaluate every aspect of your life. Concerning the physical you must decide what activity you want to do. It may be running, walking, riding a bicycle, practice some sport or any other exercise. Perhaps you want to improve your health, lower your weight or control your tenseness. You should have a physical checkup and then take action to carry out the necessary changes.

Your emotional condition is also important. You need to learn to relax, meditate, pray. You need to control your emotions and forgive. When negative thoughts come into your mind or when you face difficult situations, you need to focus your attention on the positive. When emotional battles rage within you and take away your sleep, how can you overcome? With determination, confidence and faith.

Your self-image is very important. Certain colors make your personality stand out. Find out what those colors are and use them. Use clothes that make you look good and use a nice perfume. All this will contribute to producing positive changes.

Do you want more energy? Do you want to feel motivated, enthusiastic and vigorous? You can generate that positive energy in only ten seconds if you request reinforcement from your nervous system. Concentrate on the positive and you will see the good results that you will have.

Concerning the educational aspect, what would you like to study? Do you want to increase your knowledge in the field of human relations? Would you like to learn another language? Do everything possible to continue to study.

How is your family situation? Is there good communication between the different members of the family? Do you have the support of your husband or wife in the projects you are doing? Do you give time to your children? Do you participate in their education? Have you established a program of goals for the family? Do you work together to reach those goals?

In spiritual matters, how is your relation with God? How do you view life? It is important for you to define your goals because you can do nothing until you have a clear vision concerning your life. You cannot produce change if you do not know where you want to go.

When you define your objectives you need to classify them. Do so in relation to your work and your family, and according to these aspects: social, cultural, professional and economic. Make an inventory of the positive things you have and of those you want to improve.

Take a paper and pencil in hand and draw a vertical line down the middle of the paper. In one column write down the positive things you see in your family and in the other column the things that should be improved. Take another sheet of paper and also draw a line down the middle. Write down the positive things in your professional life and also the things that need to be improved. Do the same thing in regards to your economic situation.

When you evaluate yourself and make an inventory of the positive things you have and those that you need to improve, it is like taking an x-ray. You can see the present situation and define the kind of person you want to become. And you will know what has to change in order to become the person you want to be.

It is very important that you establish a plan of action for this year and for the next five years. What do you want to accomplish in life? What needs to happen in the next five years? What are you going to become? What will you possess and how much will your life be worth?

What value do you assign yourself? If you don't know what you are worth, no one else will know either. But once you identify that, you can begin to put into action your work plan. There are six steps that you should take to reach your goals:

Write down the goals you want to reach. Visualize exactly what you want to achieve.

Set a date for each goal. Decide whether it is to be three months, six months, one year or five years.

Visualize the process for reaching your goals. To visualize is to see what you want to achieve and recognize you have not yet reached it.

Identify the obstacles beforehand. Dare to face your dream and identify what is standing in the way of reaching your goals.

Have a campaign of affirmation. The affirmation will serve as reinforcement. Say: "I am improving my quality of life. I am a good father; I have good communication with my children; I am increasing my income; I am supplying my needs." Affirmations motivate you to continue struggling and feed your visualization of the dream that you want to fulfill.

Don't lose sight of your goals. Keep on your feet and don't give up. Have confidence that you will achieve the goals you have set.

In my travels to different cities of the United States, the Caribbean and Latin America, I have noticed that one of the factors that keeps people from experiencing change is the economic situation. Many say to me: "J.R., I want to change. I know that I can; but my economic problems are very great. They are so great that I am not able to produce the change that I desire." I tell them not to worry because thousands of people that have participated in my seminars about finance have changed their lives.

The problem is that we have not been taught to make economic decisions. According to statistics, in the United States about forty percent of those over sixty-five years of age do not have the necessary resources to live, in spite of having worked thirty or forty years.

There are many older people that worked all their life; but unfortunately, they did not plan their economic matters. I have some simple questions for you: "How much money have you earned in the last decade? Where is that money? What have you done with the money? Do you have it in the bank?"

The federal census of the United States says that Hispanics in this country are poorer than in the decade of the 80s and that we will be much poorer by the year 2000. Why? Because we have not been taught to administer our money. We are afraid of this subject; we have been conditioned to think that this subject is for people that have studied a lot.

Economic information has been kept for the banks, investment and insurance companies and for millionaires that can pay consultants to give them strategies to increase their millions even more. Unfortunately, the great majority has not been trained to rehabilitate their economy. That is important because the quality of life and the change we experience have a direct relation upon our economic development.

To improve your financial condition you need to be willing to learn, to study, to seek help and to identify a plan of action. You need to reduce your operational costs, which may seem complicated, although it really is not.

Let's say you are going to buy a refrigerator in a store. Right away you see that the refrigerator is extraordinary, it has a two-year warranty and it costs a thousand dollars. The salesman offers you a plan to finance the purchase and tells you that you only have to pay fifty dollars a month; but he does not tell you that the price includes insurance for the credit. That insurance is so that if you die, the refrigerator will be paid off, as if you needed a refrigerator in heaven. He also offers you a policy for an extended warranty. That means that from today you are going to be paying for a warranty that you will not be able to use until the warranty offered by the factory becomes void. That is a policy that you really do not need.

Let's talk about automobile insurance. Review your policy and notice that it includes a large number of items that are not necessary. Often medical expenses are included. If you already have a plan for medical insurance, you don't need that. The companies include many things that are not indispensable, and that the law does not require, and which can cost you thousands of dollars.

When you purchase a mortgage, as a rule, for every fifty thousand dollars of a thirty year loan, you must pay eighty thousand dollars in interest. The home that you buy is going to cost you more than twice the selling price due to the interest on the loan.

Credit cards are very deceitful. If you do not use them prudently you can get yourself so deeply in debt that it will be impossible to pay your debt. Let's suppose that you pay the minimum monthly amount required by the card. Do you know what you are doing? If your debt is large, all you are doing is paying the interest. You will never get rid of your debt. Those cards are factories that produce money for the financial institutions.

I'll give you another example: the purchase of an automobile. You go to buy a car and think that it is something extraordinary. I congratulate you! Psychiatrists say that having a new car is an extraordinary experience; it revitalizes the owner. With your new car you feel that you have acquired new energy and you arise very happy each morning. But in two years you want to exchange your car. On the market your car has lost fifty percent of its original value; but you still owe a large amount. Why do you need to buy a new car? Buy a used one and let the first owner pay for the depreciation.

You must open your eyes if you really want to produce a change in your life. And that change must include your development in economic matters. And so that you will not be left with nothing in your old age, start to develop a program for your retirement. Thousands of Hispanics that are retiring from the work force today do not have the economic resources to enjoy the final years of their life.

If you want to have your own home, start to prepare yourself economically to buy your home. Verify what helps are being offered by the financial institutions and what the government offers to those of low income in order to purchase a home. If you have a property you are building capital; you are using the money from an institution in order to create riches.

It is also important for you to get acquainted with the world of investments. Where can you duplicate your money? You cannot duplicate your money by putting it in a bank. Banks pay very little interest. With today's interest rates it would take you twenty-six years to change a thousand dollars into two thousand dollars. Find out where successful people are investing their funds and invest yours there as well. Learn the rules of the game so that you can increase your economic resources.

You may have paid a high price for your lack of knowledge and lack of planning. There are thousands of people at the edge of bankruptcy because they did not reorganize and plan their economy. Has the lack of a strategy cost you thousands of dollars? Don't feel too bad, for many others have paid the same price and have been the victims of financial institutions. The secrets of good money management have been closely guarded and have not reached the schools and universities.

I want to help you to produce a profound change. Perhaps what you need to do to increase your income is to start a small business. Analyze the abilities that you can develop and where you can sell your talent. Perhaps it could be a business of direct distribution, such as cosmetic products. Or, if you have the economic resources, you can start a business. The successful people that I know are those that have launched into a business of their own. There are many advantages to having your own business.

Start to analyze how you might develop your own business. You do not need thousands of dollars to do so. What you need is the commitment to produce change and to identify an opportunity. Our company is available to help you. If you would like to receive further information about how to improve your finances, you can call me by telephone or write to me.

Request information because you need to educate yourself. We cannot afford to continue to pay the price of financial ignorance. That only leads to frustration and disappointment in life. I am committed to identify available resources in order to place them at the disposition of our people.

Let us begin the new century committed to becoming the kind of people that we want to be, committed to fulfill our dreams. Let us decide to produce the necessary changes so as to become optimistic and enthusiastic persons, ready to stand in victory.

Tel. 407-294-9038
P.O. Box 617221
Orlando, FL 32861

ACKNOWLEDGEMENTS

This work is the product of many experiences that began during the 1980s while visiting businesses, government agencies, schools, churches and prisons. I took to hundreds of thousands of persons the message that "we are the architects and designers of our lives." Our future is the result of the decisions we make today, and what we are today is the result of the decisions we made in the past.

This work culminates in the decade of the 90s, after several years of visiting more than thirty cities each year and giving conferences to Hispanics of different nationalities, from all social levels and having different creeds, yet all with the same dream of paving the road so that the generations to come will be able to enjoy a quality of life as first class citizens.

I am thankful to the hundreds of people who gave me their backing for this project. I feel a sense of gratitude for the support given us by our own people, especially my wife Candy and my sons Jose and Pablo. I thank them for supporting me in my work, in my travels and in my commitments outside the home.

To all those who have participated in my seminars: You requested that my message be published and I have fulfilled that mission.

I want to thank Editorial Vida and all their team involved in the work who listened to my request and worked enthusiastically on this publication.

Finally, I give thanks to God for giving me wisdom, vision and the vocation to serve our people.

¡MOTIVEMOS A NUESTRA GENTE!

· · · · · · · · · · · · · · ·

J.R. Román

HACIA UN NUEVO MILENIO

La misión de Editorial Vida es proporcionar los recursos
necesarios a fin de alcanzar a las personas para Jesucristo
y ayudarlas a crecer en su fe.

© 1999 EDITORIAL VIDA
Miami, Florida 33166-4665

Diseño interior: *Word for the World, Inc.*

Diseño de cubierta: *Gustavo A. Camacho*

ISBN 0-8297-2170-3

Categoría: *Motivación*

Impreso en Estados Unidos

99 00 01 02 03 04 05 ❖ 7 6 5 4 3 2 1

CONTENIDO

PRESENTACIÓN

Durante los últimos veinte años J. R. Román se ha dedicado a estudiar la conducta humana, asistiendo a centenares de seminarios, escuchando casetes y leyendo libros de especialistas en el desarrollo de los recursos humanos. Ha sido contratado por cientos de compañías en los Estados Unidos, Puerto Rico y América Latina, a fin de adiestrar a más de doscientas cincuenta mil personas para que cambien sus actitudes y establecer metas, para despertar al gigante dormido que hay dentro de cada persona.

Comenta el señor Román: No hay nada que me dé mayor satisfacción que el poder ayudar a las personas a descubrir el talento, las habilidades y los sueños que están dormidos dentro de ellos. Por lo general, a las personas no les han enseñado a descubrir el gigante que hay adentro.

Es el presidente del Hispanic Business Networking, una organización que coordina actividades de negocios en el estado de la Florida, a través de una red de hispanos que reúne a más de seiscientos cincuenta mil comerciantes y profesionales en los Estados Unidos. Es el productor del programa de radio y televisión Nuestra Gente, el cual orienta a la comunidad hispana en el desarrollo de una mejor calidad de vida en los Estados Unidos, identificando oportunidades y recursos disponibles.

J.R. Román presidió la Fraternidad Cristiana de Hombres de Negocios, en los capítulos de San Juan y Orlando,

con más de un millón de miembros en más de ciento treinta y cuatro paises.

Su mensaje es claro. Enfatiza que somos los arquitectos y diseñadores de nuestra vida. Nuestro futuro será el resultado de las decisiones que tomemos hoy. Siembre grandes sueños y recogerá grandes resultados!

1

SUS CAPACIDADES
PERSONALES

Considero que el milagro y la creación más grande del mundo es el ser humano. Usted ha sido creado a semejanza de Dios y quiero que sepa que no hay nada sobre la tierra más importante que usted. Entre los casi seis mil millones de habitantes que hay en la tierra nadie se le iguala.

Deseo llegar a lo profundo de su corazón. Quiero que entienda que no tengo otro propósito que no sea tocar las fibras más íntimas de su ser para desafiarlo a conocer y reconocer el potencial que Dios le ha dado: el potencial que duerme en usted. Lo podemos describir como un gigante dormido que está deseoso de salir a conquistar una vida rica en experiencias, satisfacciones y felicidad.

Las cosas bellas que tenemos no se pueden medir con posesiones materiales: un automóvil, una casa propia, ropa elegante. Tenemos que considerar estas cosas como recursos que toda persona tiene, y que tiene derecho a desarrollar y a utilizar para disfrutar de una calidad de vida exitosa. Al dirigir nuestra atención a una persona tenemos la capacidad de comunicar, pensar, mirar, hablar. Todo eso tiene un valor extraordinario. Pensemos solo en nuestros ojos, por ejemplo. La vista es el televisor más fino del mundo. Los ojos tienen cerca de cien mil células reflectoras que nos permiten ver todo a color. Al hombre le tomó cerca

de sesenta años desarrollar un televisor a color. En cambio nosotros, desde el primer día de nuestra vida, estamos mirando y viendo a todo color.

Imagínese cómo sería la vida si no pudiera ver. Estoy seguro de que representaría una gran pérdida para usted no poder mirar a las personas. Los psicólogos dicen que los ojos son el espejo del alma. Mediante los ojos se comunica el amor que una persona tiene dentro de sí; también se comunica el coraje. Solo con la mirada uno puede comunicar el disgusto que siente ante una situación inesperada.

No importa el color de sus ojos; pueden ser azules, verdes, marrones. Lo importante es que tienen la capacidad de ver. Le invito a levantarse cada mañana y mirar el sol, mirar las plantas, mirar la gente buena que le rodea, y se dará cuenta de que hay algo que trasciende lo que podemos observar en la superficie.

Además de los ojos, tenemos oídos. Los oídos detectan hasta los ruidos más mínimos, como el zumbido de un mosquito. Son veinticuatro mil filamentos que nos permiten recibir sonidos. Pero no escuchamos solo un sonido a la vez; podemos escuchar varios sonidos simultáneamente.

Tenemos varios canales en nuestros oídos. Con esos canales podemos escuchar las sirenas de los bomberos, la televisión o la radio. Podemos escuchar cuando alguien nos está hablando por teléfono y prestarle atención solo a lo que más nos interesa o nos llame la atención.

Este es un potencial de valor incalculable del cual goza el ser humano desde que nace; pero que quizás no valoriza ni utiliza en forma eficaz. Si usted estuviera sordo se daría cuenta del gran valor que tiene la capacidad de recibir tantos sonidos.

Le sugiero que haga un ejercicio para aumentar su capacidad auditiva. Dedique un minuto diario para escuchar detenidamente los ruidos y verá que desarrollará esa capacidad.

Usted tiene la capacidad de hablar un promedio de ciento cincuenta palabras por minuto. Sin embargo, puede

escuchar cerca de setecientas palabras por minuto. Eso significa que tiene la capacidad de escuchar siete u ocho veces más de lo que puede hablar. ¡Imagínese! La capacidad auditiva que tiene es de cuatro a cinco veces mayor que la capacidad que tiene de comunicarse mediante sus labios.

Consideremos ahora nuestro sistema respiratorio. Respirar es algo fabuloso. Especialmente cuando uno va caminando por la playa y las olas del mar le bañan los pies. También es maravilloso pasear en un parque y respirar ese olor a pino tan delicioso. Cuando salga a caminar, respire profundo. ¡Es el elixir de la vida!

Al respirar utilizamos cerca de dos mil cuatrocientos galones de oxígeno por día. No he pagado un solo centavo por el oxígeno que en los últimos cuarenta años llevo respirando y sé que usted tampoco ha tenido que pagar por el oxígeno que respira. Es una bendición de Dios que recibimos completamente gratis.

El oxígeno es lo que nos mantiene con vida. Sus dos pulmones están funcionando en este momento, ¿no es así? Y han estado funcionando durante toda su vida, desde que nació. Le sugiero que tome dos minutos al día para respirar profundamente y darle gracias a Dios por ese regalo que lo mantiene con vida. Inhale y exhale con suavidad por la boca. Esto le ayudará a fortalecer sus emociones y lo relajará.

Otro gran milagro es la pequeña bombita que bombea entre seis y siete millones de galones de sangre por su sistema. Me refiero al corazón. Es una bomba que funciona veinticuatro horas al día. Si el corazón deja de funcionar, pues, uno mismo deja de funcionar. ¡Se acabó el sistema! Si su corazón funciona las veinticuatro horas del día, tiene vida. Eso tiene un inmenso valor.

Siga observándose y vea su sistema digestivo. Imagínese que lo está viendo como en un muñeco de laboratorio de biología en una clase de anatomía en la universidad. El sistema digestivo tiene cientos de metros

de intestino. Es un sistema que elimina todo lo que no se necesita y que utiliza todo lo bueno. ¡Qué fabuloso! Ese laboratorio tan fino y tan especial costaría millones de dólares para armarlo. Solo Dios sabe su verdadero valor.

¿Sabe que tiene 208 huesos, 500 músculos y 7.000 nervios? Ha visto que su cuerpo está protegido por la piel, ¿no es así? Eso tiene un valor incalculable. Le invito a que salga a caminar todos los días durante quince minutos. Respire. Mueva ese cuerpo maravilloso que Dios le ha dado y su circulación será perfecta. Ejercite su cuerpo y se sentirá más fuerte y más descansado, y podrá controlar su colesterol.

Si sigue mirándose y viendo todo lo que tiene, observará la capacidad de pensar. Hay una maquinita que es su cerebro —su mente—, que pesa solo 56 onzas (cerca de tres libras y media) y se compone de un promedio de diez mil millones de células que regulan el sistema nervioso. El cerebro le da la oportunidad de pensar, y de acumular ideas y experiencias. ¿Sabía que tiene más de doscientas mil horas grabadas en su mente?

Leí recientemente que para igualar la capacidad que tiene nuestra mente haría falta un enorme edificio de muchos pisos lleno de computadoras. Eso significa que el arquitecto que nos diseñó, lo hizo muy bien. En un espacio muy pequeño, en nuestra mente, está acumulada la historia de nuestra vida.

Desde antes que usted naciera, desde que estuvo en el vientre de su madre, ya empezó a recibir información. Cuando usted nació, comenzó a recordar lo que le sucedía y tuvo la oportunidad de relacionarse con su familia y con la comunidad, además de ir ganando experiencias.

Esas experiencias, esos pensamientos, le dan una referencia, unas creencias y habilidades que desarrollan su carácter. Todas las experiencias las tiene almacenadas en su mente. ¿Sabe qué? Comparo al cerebro con un casete de video. Ahora mismo usted puede pensar en el día cuando le regalaron su primera bicicleta, o la primera muñeca, o

cuando por primera vez salió de viaje, o cuando se ganó algún premio por ser un excelente atleta. Todas las experiencias de la niñez se acumulan y se recuerdan.

Los psicólogos dicen que en los primeros cinco años de vida, en las primeras 43.800 horas, el ser humano desarrolla una cantidad de experiencias que sirven de fundamento de su carácter. Eso significa que el sesenta y dos por ciento del carácter de una persona tiene una relación directa con lo que la persona pensó, vivió y desarrolló en su niñez. Significa que los primeros cinco años de vida son muy importantes para que el niño pueda desarrollar buenos hábitos, conceptos, creencias, referencias y actitudes positivas. Lo que vea de su familia y lo que le rodee causará un impacto en su modo de pensar y en su carácter, ya sea positivo o negativo.

Como seres humanos no solo tenemos la capacidad de recordar cuando teníamos cinco o seis años de edad sino que podemos recordar cuando nos graduamos de la secundaria; podemos recordar también cuando estudiamos en la universidad y cuando llegamos a nuestro primer trabajo. Los casados pueden recordar su noviazgo y su casamiento.

Cierta persona que participó en uno de mis seminarios me contó del día en que se casó, lo cual recordaba con mucho cariño. Fue un sábado en la mañana, a eso de las nueve horas, hace treinta años. Llevaba 10.950 días casado con la misma persona y recuerda muy vívidamente el momento ante el ministro que los casó; recuerda que hizo un pacto ante Dios y ante su compañera de que iba a serle fiel por el resto de su vida. A pesar de que hizo ese pacto hace treinta años, lo tiene grabado y lo recuerda como si hubiera sido ayer. Eso me confirma que realmente tenemos la capacidad de recordar nuestras experiencias, sean positivas o negativas.

En una conferencia que ofrecí a un grupo de mujeres de negocios traté de confirmar si tenían la misma capacidad que ese señor que se casó hace treinta años. Les pregunté si

alguna de ellas se acordaba cuando nació su primer hijo. Muchas de las damas alzaron la mano. Luego le pregunté a una de ellas lo que sintió cuando le trajeron la criaturita y pudo abrazarla y tenerla cerca de sí. Ella se rió. De momento creí que era un chiste; pero se ruborizó y le comenzaron a salir lágrimas por los ojos. En cuestión de segundos pudo ver a ese pequeño bebé que hoy quizá tiene dieciséis o diecisiete años. La llegada del primer hijo fue una esperanza, un regalo de Dios. Recordó esa oportunidad cuando llegó a ser madre; cuando se unió al equipo de mujeres victoriosas que han sido bendecidas con la posibilidad de procrear.

Los momentos felices que hemos vivido serán nuestros recuerdos en el futuro.

Para esa señora, el nacimiento de su hijo fue una de las experiencias más bellas de su vida. Fue grandioso cuando le trajeron ese pequeño bebé, esa parte de su cuerpo. Dice ella: «Ese muchacho es algo mío. A pesar de que ya es joven, es parte de mi vida, parte de mi ser. El amor que siento por él es un amor muy distinto al amor que siento por mi esposo, o el amor que tengo hacia mi familia; es el amor de Dios.»

Le pongo estos ejemplos para que se dé cuenta de que tiene la capacidad de almacenar experiencias y pensamientos, y que puede recordar cosas bellas.

Cuando me pongo a pensar en las cosas bellas que tengo, reconozco que Dios me ha bendecido en gran manera. No solamente a nivel profesional y familiar —mi esposa, mis hijos, el negocio—, sino que me ha dado la oportunidad de conocerlo y de servirle.

Los momentos felices que hemos vivido y que estamos viviendo, serán nuestros recuerdos en el futuro. Sin embargo, nuestra capacidad no es solo la de recordar lo que sucedió en el pasado; tenemos también la capacidad de planificar e imaginarnos lo que va a pasar en el futuro. Personalmente tengo una meta para los días que quedan del

siglo veinte. Me propongo llevar a nuestra gente un mensaje de revitalización, de renovación y de cambio de actitudes. Deseo llevar un mensaje de cambio de hábitos y un mensaje de esperanza.

Deseo darle el mensaje de que cada uno tiene derecho a ser feliz; que tiene derecho a planificar su vida; que tiene derecho a conquistar el futuro; y que es responsabilidad suya, ante su familia y ante Dios, conquistar lo que le pertenece.

Le presento esta obra con esa meta en mente. Deseo que miles de personas puedan recibir este mensaje, para que puedan evaluar su futuro y allanar el camino a una vida más exitosa. Deseo contribuir a mejorar la calidad de la vida de cada persona que se comprometa a ser un excelente ciudadano, un excelente padre o madre, un excelente compañero de trabajo. Deseo lograr que más de trescientos millones de hispanos en América Latina se comprometan a dar lo mejor de lo mejor, para que pasen así a ser ciudadanos de primera categoría.

Un país no es bueno ni grande por el tamaño de su territorio, por sus tesoros ni por los recursos económicos que tenga. Un país es grande cuando sus habitantes se unen con objetivos reales y en un compromiso de poder contribuir al fortalecimiento y al crecimiento de su familia, de su pueblo y de su gente.

Cuando usted empieza a buscar dentro de si mismo la respuesta a su vida, se dará cuenta de una cosa: que es el arquitecto del futuro de su vida. Usted es el diseñador, el artista principal de la película de su vida. Es el escritor y, a veces, tiene que escribir un libro con muchas lágrimas, con muchos dolores de cabeza, con muchos sacrificios; pero ese libro es suyo, es la historia de su vida.

Quisiera que usted entienda que es la persona responsable por el futuro de su vida. Levante la cabeza y diga: «Tengo que empezar a dar más.» Tenemos que utilizar lo que Dios nos ha dado para compartirlo con nuestra gente.

No me refiero a dar dinero o posesiones. Por ejemplo, creo que con una sonrisa, sencillamente con una sonrisa, podemos dar un estímulo genuino a muchas personas. Quizá esa sonrisa las fortalezca en momentos de angustia, de desesperación, y les dé la oportunidad de evaluar lo que están por hacer. Esa sonrisa les dirá que todavía hay personas que las aman y respetan.

Las sencillas contribuciones, como una palabra de motivación o un refuerzo positivo, valen mucho más que miles de dólares.

Le invito a sonreír frente a un espejo por un minuto al menos tres veces al día. Le garantizo que mejorará su imagen de sí mismo y que se sentirá extraordinariamente descansado.

Las sencillas contribuciones, como una palabra de motivación o un refuerzo positivo, valen mucho más que miles de dólares. Eso me ha sucedido en muchas ocasiones.

Quisiera que usted entienda que debemos planificar lo que queremos hacer en los próximos años; pero no solamente planificarlo de palabra. Creo que se requiere una planificación seria de evaluar y escribir lo que usted quiere hacer. Tomemos como ejemplo el aspecto espiritual. ¿Está usted bien en el aspecto espiritual? ¿Tiene una buena relación con Dios? ¿Está alimentando sus necesidades espirituales?

Su sistema nervioso, su cuerpo y su alma requieren que le dé importancia al aspecto espiritual. Muchas veces creemos que con asistir una o dos veces al año a la iglesia hemos satisfecho nuestras necesidades espirituales. Sobre este punto quisiera animarle más. El aspecto espiritual tiene una relación con su salud emocional. ¿Cómo está en la esfera de lo profesional, lo económico y lo familiar? Es bueno que usted evalúe todas las esferas de su vida. Vea lo que puede mejorar cuando empiece a ser una persona más eficiente. Comience a imaginarse y a verlo en su mente de la misma manera que puede ver lo que sucedió hace quince

años. De igual manera podrá ver lo que sucederá en los próximos quince años. Cuando empiece a verlo, desarrollará determinación y perseverancia hacia la conquista de lo que le pertenece.

Dios le ha dado ese potencial para que lo utilice; para que disfrute de su vida en una forma amplia y rica. Cuanto más pronto empiece a utilizarlo, más pronto comenzará a disfrutar de su vida de una forma especial. Empezará a ver las flores, los árboles, las playas, el cielo, las personas y los niños de una manera diferente, ya que su concepto de las cosas cambiará. Verá que dondequiera que vaya estará Dios. Verá que su interior será como un reflejo del potencial dormido que hay dentro de usted.

Cuando veo a un niño, para mí es como ver la mano de Dios. Cuando veo a un anciano, también veo la mano de Dios. Cuando pienso en usted, estimado lector, lo veo como el milagro más grande de este mundo.

Me gustaría que se uniera a nosotros y que empezara a hablar con los que están de cerca y a decirles que tienen el derecho a triunfar; que tienen el derecho a ser felices y a conquistar el futuro. Pregúnteles: «¿Cuándo empezarán a apoderarse de su derecho, de ese potencial que tienen de disfrutar la vida que Dios les ha regalado?» Empiece ahora mismo y le garantizo que será como si hoy fuera el primer día de su vida. Estoy convencido de que este libro le abrirá la mente, le abrirá el espíritu. Cosas sencillas de las cuales le hablaré le harán un impacto. Usted volverá a evaluar sus estrategias, sus objetivos, sus sueños y su visión.

¡Levántese del sueño, porque estamos destinados a triunfar! ¡Levántese, porque usted como arquitecto y diseñador del futuro de su vida tiene la responsabilidad de pagar el precio del éxito! El costo se paga por adelantado, y ¡se paga trabajando!

2

PLANIFIQUE SU FUTURO

La planificación de su futuro es uno de los temas más importantes. Tengo contacto con cientos de personas que no planificaron su futuro en forma eficiente y que ahora tienen problemas muy serios. Lamentablemente, no queda mucho tiempo para solucionar esos problemas porque ya están en su vejez. También conozco a muchos jóvenes que no han planificado su vida y que ahora tienen muchos problemas.

La planificación es la capacidad de traer el futuro al presente. Es un elemento indispensable para garantizar buenos resultados en la vida. En cualquier compañía, la planificación es un punto vital para garantizar el crecimiento de la organización, tanto a nivel general como también individual. Para mí la planificación es la capacidad de visualizar el futuro en el presente, desarrollando un plan de trabajo para conseguir las metas que uno desea.

Sabemos que la improvisación es todo lo contrario a la planificación. Lamentablemente, la improvisación es la noticia del día. Constantemente hablo con personas que no me pueden decir lo que harán en los próximos años. No saben lo que harán en la próxima década, ni siquiera el próximo año. El llevar una vida improvisada, trae resultados improvisados y, por lo general, no son los mejores resultados.

Entiendo que la planificación es un elemento indispensable para que cada persona pueda tener éxito en la vida, y

mi objetivo es ayudar a nuestra gente a conseguir lo que realmente desea, a establecer una planificación positiva, considerando los resultados que cada uno desea alcanzar.

La planificación es la capacidad de traer el futuro al presente. Es un elemento indispensable para garantizar buenos resultados en la vida.

Para poder planificar tenemos que saber lo que queremos alcanzar. Tenemos que conocernos. Tenemos que conocer nuestro potencial y también nuestras debilidades. Además tenemos que reconocer hacia dónde queremos ir y a dónde podemos llegar. Es importante que veamos la planificación como el escribir nuestra historia anticipadamente. Podemos considerar la planificación como el mapa que nos llevará al objetivo que nos proponemos alcanzar.

La planificación del futuro de su vida dependerá del interés, el compromiso y el deseo que usted tenga de desarrollarlo. Me propongo presentarle las posibilidades de cien personas de veinticinco años de edad que llegarán a los sesenta y cinco años. Esto según las estadísticas del seguro social federal de los Estados Unidos.

Se toman cien hombres y mujeres de veinticinco años de edad para ver lo que les sucederá hasta la edad de sesenta y cinco años. Dos de ellos serán muy ricos, solventes; cuatro de ellos tendrán una solvencia económica saludable; tres de ellos a la edad de sesenta y cinco años todavía estarán trabajando. Veintinueve de ellos serán indigentes. Eso es muy lamentable.

Visito gran cantidad de ciudades en los Estados Unidos anualmente, y veo a cientos de personas mendigando en las calles. Eso quiere decir que tendrán que depender de la ayuda de su familia; pero muchas veces la familia está peor que ellos. Otras veces, dependen del gobierno; pero el gobierno cada vez recorta más las ayudas sociales.

Solo cinco personas de cada cien tienen resultados financieros saludables. Eso se debe a que hay una mala pla-

nificación económica. Muchas veces es por falta de conocimiento y por falta de asesoría adecuada que no se consiguen buenos resultados. Cada persona necesita aprender que es el arquitecto y diseñador del futuro de su propia vida.

Usted llegará a los sesenta y cinco años de edad en la indigencia si no empieza a planificar su economía. En mi caso, según cálculos del seguro social en los Estados Unidos, cuando me jubile a la edad de sesenta y cinco años, que será el año 2018, voy a necesitar 79.500 dólares al año para vivir al mismo nivel de vida de hoy; pero lo máximo que voy a recibir del seguro social serán 29.500 dólares. Eso significa que tengo garantizado un déficit de cincuenta mil dólares y que tengo que hacer algo ahora para solucionar esa situación.

Es muy importante que aprendamos a planificar nuestro futuro. Otros datos nos dicen que unos setenta años de vida se utilizan de la siguiente manera:

Pasamos 24 años durmiendo

Pasamos 14 años trabajando

Invertimos 8 años en distracciones

Pasamos 8 años en la iglesia

Dedicamos 6 años a la educación

Pasamos 6 años comiendo

Usamos 5 años para transporte

Pasamos 4 años conversando

Dedicamos 3 años a la lectura

El ejemplo dado es un pequeño estudio de lo que las personas hacen con su tiempo.

El secreto de la planificación es la utilización de los recursos junto con la visualización de lo que queremos realizar. Muchas veces estamos conscientes de que no utilizamos eficientemente el tiempo, y justamente sobre eso quiero hablarle: la utilización eficaz de su tiempo. Es un elemento indispensable para que usted pueda tener éxito en la vida.

Las estadísticas nos dicen que desperdiciamos un promedio de dieciocho a veinticinco horas por semana. Eso significa que desperdiciamos cerca de mil horas al año. En un promedio de treinta años de trabajo desperdiciamos como treinta mil horas de nuestra vida.

Este desperdicio se ve cuando uno no logra los resultados que desea y cuando dice que no tiene tiempo para hacer las cosas. Pero todo el mundo tiene la misma cantidad de tiempo: veinticuatro horas al día. La planificación de ese tiempo en una forma eficiente lo lleva a uno a desarrollar una vida exitosa.

Muchas veces, las personas no tienen bien definidas las metas, los objetivos y las labores que tienen que cumplir. La utilización eficiente del tiempo es la clave para conseguir los resultados deseados. Pero no hemos sido adiestrados a utilizar nuestro tiempo en una forma eficaz.

Hay unas ciento cincuenta y tres formas en que desperdiciamos el tiempo, cosas que analizamos en nuestros seminarios de administración del tiempo. No voy a entrar en detalles sobre eso ahora; pero sí le voy a hacer ver algunas que le impiden una buena planificación de su vida.

La primera de ellas es la posposición. Muchas personas tienen el hábito de posponer. Dejan las cosas para mañana; luego las dejan para la semana que viene; luego para el mes entrante; y hasta para el año que viene.

Para evitar caer en ese hábito uno tiene que tener un serio compromiso con el objetivo que se ha propuesto y estar convencido de que no hay mejor cosa que hacerlo ahora. «¡Hazlo ahora!» Repita ese mensaje cinco veces al día durante los próximos diez días. «¡Hazlo ahora!» Cada vez que tenga que hacer algo, repita: «¡Hazlo ahora!»

Cuando uno está comprometido a hacer las cosas de inmediato, constantemente está buscando acción, y la acción es el antídoto de la posposición.

Además de la posposición, se hallan las excusas. Hay personas que son expertas en alegar excusas, en explicar por qué no alcanzaron sus objetivos. Se dice que las excusas

satisfacen solamente al que las da y debilitan el carácter del que las acepta. Le aseguro que los que se acostumbran a ofrecer excusas constantemente destruyen su carácter. No inspiran confianza; no tienen seriedad; no asumen responsabilidad; no tienen visión.

Es importante saber diferenciar entre lo urgente, lo importante y lo vital.

Las excusas son explicaciones que satisfacen solamente a quien las da. Ofrecemos excusas porque queremos justificar nuestra incompetencia. Podemos dar una excusa hoy por una razón justificada; pero es muy negativo desarrollar el hábito de estar posponiendo, dando excusas y explicando por qué no cumplimos nuestras responsabilidades. Eso quiere decir que no estamos enfocando la meta ni los objetivos que queremos lograr.

Hay que sustituir por las excusas la acción, la visualización y el significado que tienen para nosotros los objetivos. Si no posponemos no necesitamos tampoco dar excusas.

Otro punto importante es saber diferenciar entre lo urgente, lo importante y lo vital. Cuando uno tiene la capacidad de saber lo que es urgente, lo que es importante y lo que es vital. Así se pueden establecer prioridades. Lo urgente es algo que no se puede posponer; hay que hacerlo ya. Pero tal vez sea algo que se puede delegar. Lo importante es algo que hay que hacer; pero que se puede esperar quizá hasta mañana para hacerlo. No es un caso de vida o muerte. Lo vital es algo que usted tiene que hacer ahora porque está relacionado con su meta, su objetivo.

Para establecer prioridades, haga una lista de las cosas diarias que tiene que hacer. Debe preguntarse: «¿Qué es lo que no puede pasar de hoy, y qué es lo que puede esperar hasta mañana?» Esta es una estrategia que muy pocas personas utilizan y, por lo tanto, muchas veces invierten su mejor tiempo en actividades insignificantes que no son ni urgentes ni importantes ni vitales.

Al no establecer prioridades, las cosas importantes y urgentes se pierden de vista y no se realizan. Muchas personas desperdician el tiempo; no saben desarrollar el uso eficaz de las horas del día. Le invito a que usted empiece a evaluar cómo está invirtiendo su tiempo. ¿Qué hace durante el día y qué cosas puede delegar?

Hace unos años, yo iba al correo, hacía los depósitos en el banco y hacía una serie de tareas que no eran vitales para mis metas y mis objetivos. Esas tareas las he ido delegando y me he librado de compromisos y actividades que no tienen relación directa con mis metas. Ahora dedico ese tiempo a las actividades vitales.

Lo mencionado arriba es un ejemplo sencillo de cómo uno puede utilizar las quince o más horas semanales que se están desperdiciando. Quiero poner en claro que las personas que están desperdiciando quince horas a la semana son personas que trabajan de cuarenta a cincuenta horas semanales. Los que no trabajan, definitivamente tienen más horas para desperdiciar.

Si usted es una persona muy ocupada y no tiene tiempo para hacer bien sus cosas ni tiempo para planificar su futuro, necesita hacer un alto y, si es posible, asistir a un seminario de administración del tiempo. Necesita evaluar cómo podría superar todos los consumidores y desperdiciadores del tiempo que, seguramente, le están costando un dineral.

Deseo presentarle una estrategia para que establezca la forma de utilizar bien su tiempo para que evite el desperdicio. Haga una lista de todo lo que usted quiere hacer en un día. Yo, por ejemplo, hago una lista semanal y, partiendo de esa lista, desarrollo una lista diaria de las cosas que tengo que hacer. Constantemente evalúo mi lista semanal para ver si estoy realizando mis objetivos. Me fijo en las cosas que tengo que dejar para la próxima semana; es decir, establezco prioridades.

Siempre hay que tomar en cuenta lo urgente, lo importante y lo vital. Al hacer la lista diaria de las cosas que uno quiere cumplir, sabe la dirección hacia dónde ir.

Otra cosa importante es establecer un horario. Hay que definir lo que se hará a las ocho de la mañana, al mediodía, a las seis de la tarde y a las diez de la noche. Es muy bueno tener esa guía para saber lo que se hará a cierta hora.

Una vez que usted tenga su horario y su lista de cosas que tiene que hacer es muy importante asumir el compromiso de cumplir esas tareas. Evalúe constantemente cómo está invirtiendo su tiempo y cuántas horas está desperdiciando. Le aseguro que una vez que usted establezca su programa para evaluar la utilización de su tiempo, empezará a utilizarlo eficazmente y aumentará el valor de sus horas.

Durante uno de los talleres que ofrezco en mis seminarios, doy la oportunidad de establecer el valor del tiempo. Los participantes hacen un cálculo del costo de sus horas. Una persona que gana veinticinco mil dólares al año, puede calcular el costo de sus horas en $12,50. La persona que gana cincuenta mil dólares anuales, calcula el costo de sus horas en $25,00. Cuando uno empieza a establecer el costo por hora, desarrolla una química de compromiso y se da cuenta de que su tiempo es costoso y que no lo puede desperdiciar.

Tuve una experiencia maravillosa en el año 1980. Tenía la costumbre de salir a tomar café. Tomaba café dos veces al día: a las diez de la mañana y a las tres de la tarde. No iba solo sino que invitaba a alguien a que me acompañara a tomar café. Conversábamos y, regularmente, dedicaba de una hora a una hora y media para tomar café.

Cuando hice la evaluación del tiempo que dedicaba para tomar café, me di cuenta de que invertía cerca de tres horas diarias a eso, lo cual representa un promedio de quince horas semanales. ¿Sabe qué? Dedicaba un promedio de sesenta horas al mes para tomar café. Cuando lo multipliqué por veinte dólares, el costo de mis horas de trabajo en aquella época, me fijé que estaba invirtiendo cerca de mil doscientos dólares mensuales en tomar café, sin contar el costo de cada taza de café, que era de treinta y cinco cen-

tavos. En realidad el costo del café era de unos mil doscientos dólares. ¡No estaba utilizando eficientemente mi tiempo!

> *Para una buena planificación hay que empezar a visualizar lo que uno desea hacer por su país, por su comunidad y por su familia.*

Para usar mi tiempo eficientemente, debía tomar el café en diez o quince minutos en vez de dedicar una hora para eso. Esa hora perdida la debía invertir en cosas útiles, provechosas y necesarias, que tuvieran una relación directa con mis metas.

Cuando uno ha creado conciencia de que no debe perder su tiempo, se compromete a identificar las actividades que verdaderamente son importantes en la realización de la visión que tiene. Esto es lo que yo le invito a hacer. Evalúe cómo está invirtiendo su tiempo y cuánto vale ese tiempo.

Si realmente está interesado en mejorar la utilización eficaz de su tiempo, comience ahora. Nunca podrá planificar su futuro si no sabe planificar el hoy, el ahora. Ese es un secreto muy sencillo. Lo repito: Nunca planificará eficientemente el futuro si no empieza a planificar el momento actual, ahora mismo.

Si quiere hacer una buena planificación de su futuro, esa planificación debe estar firmemente ligada a los objetivos, las metas y los propósitos que usted tiene para su vida. Como ya mencioné anteriormente, muchas personas no saben lo que harán en el futuro. Eso es muy natural, porque nadie les ha enseñado sobre la planificación; no han sido adiestrados.

Para una buena planificación hay que empezar a visualizar lo que uno desea hacer por su país, por su comunidad y por su familia. La pregunta importante es: «¿Qué quiere hacer usted con su vida?»

Cuando uno empieza a evaluar lo que quiere hacer, se logra conseguir significado y ese significado le da a uno la

motivación y el entusiasmo para trabajar y alcanzar las metas que se han propuesto.

Es importante establecer algunas reglas básicas para poder definir objetivos claros. Primero, usted tiene que saber lo que quiere realizar. Debe ser una meta realista; una meta que pueda alcanzar. Debe ser algo que realmente lo motive a trabajar y que lo motive a buscar alternativas y soluciones para alcanzar ese sueño.

También es importante que ponga una fecha definida para cumplir con su objetivo. Para mí la fecha tiene una importancia tremenda. Cuando uno tiene un compromiso para cumplir una actividad para cierto día, toda la energía mental, física y espiritual está trabajando para llegar a ese objetivo, aun antes de la fecha señalada. La fecha es lo que a uno lo compromete a trabajar para buscar las soluciones y lograr las metas que se ha propuesto.

Hay que establecer una meta real, que debe ser lo que sintamos en nuestro corazón y en nuestra mente con respecto a lo que es importante y tiene significado para esa fecha definitiva. Debemos también evaluar los obstáculos que nos impiden alcanzar las metas que nos hemos propuesto. Muchas veces los obstáculos pueden ser el tiempo, un título universitario, el dinero, la gente . . . hasta puede ser la falta de conocimiento.

Si no ha logrado cumplir lo que se ha propuesto, pregúntese: «¿Por qué no lo tengo ahora? ¿Qué es lo que me está impidiendo alcanzar esto? ¿Quién me puede ayudar?» Tal vez sea por razones de la edad, el tiempo, la experiencia. Cuando usted determina cuáles son los obstáculos que le están impidiendo cumplir su objetivo y planificar su futuro, ya ha empezado a detectar el primer problema.

Una vez que uno haya definido lo que le está impidiendo lograr su objetivo, hay que evaluar las posibles soluciones. «¿Cómo voy a conseguir el dinero que me hace falta? ¿Cómo puedo conseguir más conocimientos? ¿Qué recursos son los que me hacen falta para alcanzar mi objetivo?»

Cuando uno empieza a ver, a pensar, a buscar alternativas, a pedir ayuda, llega el momento cuando se empieza a ver las soluciones; esas soluciones resuelven los obstáculos que impiden desarrollar el sueño que uno tiene. Esto es de suma importancia, ya que una vez que tiene definido el obstáculo y considera la solución, el próximo paso es la acción.

Usted puede tener una meta, puede tener el dinero que necesita, puede tener tiempo, puede tener todos los recursos, puede tener el conocimiento y puede tener solucionados todos los obstáculos; pero si no desarrolla un plan de acción, le garantizo que fracasará.

Noventa y cinco por ciento de las personas fracasan por la falta de perseverancia. La perseverancia es un elemento indispensable. Es el hábito de seguir luchando hasta alcanzar lo que quiera alcanzar. Lamentablemente, muchos no hemos sido capacitados para ser perseverantes.

Al tropezar con el primer obstáculo, muchos nos damos por vencidos. Eso significa que mientras más obstáculos tengamos que superar, más energía se va a requerir. A menudo no enfocamos nuestra atención en las soluciones y, por lo tanto, no alcanzamos las metas que queremos alcanzar. Siempre considere que cuanto más grande sea el problema que tenga que enfrentar, mayor oportunidad tendrá para utilizar su potencial. Cuanto más grandes sean los obstáculos, mayor creatividad e imaginación se va a requerir para buscar soluciones.

Cuando usted empiece a desarrollar esa actitud, le gustarán las situaciones con grandes responsabilidades y con grandes dificultades, circunstancias que requieran grandes soluciones. Cuanto más grande sea el problema, más capacidad se requerirá para poder solucionarlo. Eso quiere decir que uno se pone más fuerte una vez que consigue la solución.

Seguramente alguna vez usted ha tenido un problema muy grande. Cuando lo resolvió, ¿verdad que se sintió feliz y fuerte por haber vencido? Eso es lo que sucede cuando so-

lucionamos los problemas. Nuestra confianza, determinación y visión se fortalecen.

También tenemos que evaluar seriamente las diferencias entre los niños y los adultos, las personas inmaduras y las maduras. Cuando hay grandes problemas, las personas maduras sobresalen y los niños se esconden en la falda de su madre, porque no saben cómo enfrentar la situación.

Cuanto más metas y más grandes objetivos tengamos, más necesidad tendremos de utilizar nuestro potencial y nuestra capacidad de realizarnos. Sencillamente, haga hoy una lista de todas las cosas que desea hacer: en lo espiritual, físico, emocional, cultural, social, económico y profesional. Debe hacer una lista de todas las cosas y todos los sueños que usted aspira llevar a cabo en su vida. Y empiece a trabajar ahora mismo para cumplir esas cosas.

Cuando empecé a desarrollar mi lista no llegué ni siquiera a diez metas. Eso me dio un sentimiento de frustración. Sencillamente, no había sido capacitado para hacer una lista de metas y objetivos. Pero una vez que comencé, explotó dentro de mi la máquina de sueños que estaba dormida, escondida, y pude ver muchas cosas que quería alcanzar.

Hoy tengo una lista de cerca de trescientas metas. Eso significa que cuando empecé no sabía para dónde iba y ahora cada meta me ha traído otra meta. Mis metas se han multiplicado y me han dado una visión y una vida nueva.

La visión es un pasaporte hacia el éxito. Mi deseo es poder ayudarle a utilizar el potencial que usted tiene derecho a utilizar, para que pueda establecer un pasaporte que incluya todas sus metas y sueños. Ese pasaporte le servirá de guía para pasar por todas las etapas de su vida hasta que alcance el éxito al que tiene derecho y que tiene la responsabilidad de conquistar.

Una vez que usted evalúe los sueños y las metas que le gustaría alcanzar, siéntese debajo de un árbol, vaya de paseo a la playa, escale una montaña, y mire hacia el futuro con confianza y pregúntese: «¿Qué quiero hacer en los próximos cinco años? En los próximos sesenta meses, ¿qué me

gustaría realizar en mi vida?» Empiece a visualizarlo y pronto tendrá una lista de las metas que usted tiene derecho a conquistar.

Los grandes sueños se conquistan porque las personas toman la determinación de conquistarlos. Confío en que usted tiene ese derecho, esa capacidad, ese potencial; pero yo no lo puedo hacer por usted, porque a usted como arquitecto y diseñador del futuro de su vida, y el responsable de su futuro, le corresponde empezar a escribir la historia de su vida. Espero que la escriba con letras de oro. Luego, cuando se siente a leerla, a compartirla con sus hijos y sus nietos, le garantizo que se sentirá orgulloso. Usted pagó el precio del éxito; un precio que se paga por adelantado, y que se paga trabajando. Será un ejemplo vivo de lo que es el éxito. Le aseguro que sus hijos, sus nietos y su pueblo se sentirán orgullosos porque usted hizo el trabajo que Dios le encomendó que hiciera.

> *El hoy es el resultado de las decisiones que usted tomó en el pasado. El futuro será el resultado de las decisiones que tome hoy.*

El hoy es el resultado de las decisiones que usted tomó en el pasado. El futuro será el resultado de las decisiones que tome hoy. Las decisiones que usted tome hoy producirán un impacto en su vida; le llevarán a convertir lo invisible en visible.

Le invito a empezar a trabajar para alcanzar sus metas. Usted es la persona más importante que hay en el planeta tierra. Entre los casi seis mil millones de personas que viven en este planeta no hay nadie igual a usted. Le garantizo que la paz, el gozo y la tranquilidad que sentirá no se pueden comprar en ninguna farmacia ni en un supermercado. Usted le podrá decir a su familia: «Me siento contento porque sé para donde voy; me siento contento porque sé lo que quiero hacer con mi vida.» Y el día que usted consiga esos sueños, le dará gracias a Dios que le dio la oportunidad de ser feliz.

3

RENUEVE SUS PENSAMIENTOS

El secreto de la persona exitosa es su capacidad de renovar sus pensamientos; de renovarlos constantemente.

Un bebé nace sin dientes y muchas veces sin cabello. Usted ve la renovación de ese bebé cuando se va desarrollando y empieza a crecer. Hasta los dos años hay un gran desarrollo; a los siete años ya es un niño fuerte. Podemos observarlo en la adolescencia, entre los quince y diecisiete años. Cómo crecen los niños, ¿verdad? A veces, cuando dejo de ver a mis sobrinos por unos años, ya casi no los conozco.

Una persona sigue renovándose, sigue cambiando físicamente; así también es la renovación de nuestras actitudes y pensamientos. Las necesidades y los pensamientos suyos cuando tenía siete años eran muy diferentes a los que tenía a los diecisiete años de edad. Uno piensa de manera muy diferente a los veinticinco años de edad que a los cincuenta.

Es importante que usted reconozca que tiene la capacidad de pensar, crear y razonar; una capacidad especial que tiene cada persona. Entre todos los que habitan la tierra, el ser humano es el único que hizo Dios con la capacidad de pensar, imaginar, crear y razonar. Esa capacidad, a menudo, no la usamos eficientemente, ya que en la mayoría de los casos hemos sido condicionados en forma negativa.

Cada uno es condicionado por la familia en la que nace. ¿Recuerda lo que le decían cuando era pequeño?

«Niño, no cruces la calle.»

«No te juntes con esa persona.»

«No masques chicle.»

«No comas fuera de hora.»

El niño va siendo condicionado porque va observando, viendo, escuchando. Aprende unas pautas culturales, sociales y políticas. Y esas pautas se manifestarán en su forma de pensar y en su carácter.

Considero que, por tradición, hemos sido condicionados a dudar, a no creer, a buscar la razón por la cual no se pueden hacer las cosas. Siempre estamos explicando la razón por la cual no se puede hacer esto o lo otro.

He hablado con muchas personas y cuando les pregunto: «Oye, ¿por qué estás desempleado?» Me contestan: «Bueno, porque no encuentro trabajo.»

Me pregunto por qué no han desarrollado un trabajo. Lo que uno mismo hace es vender su potencial cuando monta un negocio o vende un servicio. ¿Por qué no han desarrollado un negocio? ¿Por qué no han ofrecido sus servicios para desarrollar sus habilidades y talentos? Están esperando muchas veces que el empleo llegue a la puerta de su casa para que empiecen a trabajar.

Si usted no está produciendo en este momento, tiene que utilizar su imaginación y su creatividad para crear un empleo, un negocio o un servicio. Venda su potencial, sus conocimientos y su tiempo. En el negocio propio usted vende su potencial y su experiencia junto a un servicio o a varios.

Muchas veces la percepción de las personas —cómo la gente ve las cosas, y cómo las recibe de acuerdo con su experiencia y sus conocimientos— hace la diferencia. No sé si se ha dado cuenta que los medios de comunicación, en su empeño por atraer la atención del pueblo, han llegado a la conclusión que la forma de conseguir la atención del público es dar a todo un enfoque negativo. Sobresalen siempre las noticias negativas y destructivas.

Por cada minuto de negativismo que pasamos, necesitamos once minutos de afirmación positiva para volver a la normalidad.

A menudo observo que los periódicos, la radio y la televisión enfocan las cosas negativas. Dan prioridad a esas noticias, destruyen muchas veces la imagen de una persona; ponen en duda al jefe de estado. Considero que no es tan productivo este enfoque como resaltar las noticias positivas.

Este es otro ejemplo: Mi abuelo condicionó a mi papá de una forma; mi papá me condicionó a mí según el condicionamiento que él había recibido. Y según esas creencias y referencias yo estoy condicionando a mis hijos. Les estoy dando las mismas referencias y creencias culturales, sociales y políticas.

Por cada minuto de negativismo que pasamos, necesitamos once minutos de afirmación positiva para volver a la normalidad. ¿Qué sucede? Que cuando usted quiere volver a la normalidad, cuando quiere ser una persona positiva, como ha sido condicionado durante quince, veinte o veinticinco años de una forma conservadora, temerosa, sin visión y extremadamente negativa, a veces es muy difícil poder salir de ese estancamiento, de ese modelo de pensamiento, de ese acondicionamiento negativo. Por lo tanto, se requiere una fuerza mayor y un compromiso con el cambio de nuestras actitudes y pensamientos cuando hemos sido condicionados por una familia y por una sociedad a no poder, a ser pobres, a ser inseguros, a dudar, a no creer.

En la Biblia se nos dice que «para el que cree, todo es posible». Si usted cree que no puede, sencillamente afirma que no puede y, realmente tiene razón, ¡no puede! Pero si usted cree que puede, le garantizo que es posible, que usted puede. Como «para el que cree, todo es posible», el primer hábito que tenemos que desarrollar es el de creer.

Nuestras creencias negativas matan la renovación de nuestros pensamientos. Pero el tener fe en que usted realmente puede cumplir lo que quiere, puede provocar un

cambio profundo en su estilo de vida y en la calidad de sus pensamientos.

Tenemos acumuladas de ciento cincuenta mil a trescientas mil horas de vida en nuestra mente. Es el total de horas que están almacenadas en nuestro subconsciente. Yo lo llamo un casete de video, ya que podemos recordar lo que pasó hace cinco años, lo que pasó hace diez o quince años, y también podemos visualizar lo que sucederá el próximo año. ¡Usted puede imaginar lo que usted puede realizar!

Las experiencias positivas y negativas de la vida tienen un valor extraordinario; son el alimento para su autoimagen y su carácter.

Las experiencias positivas y negativas de la vida tienen un valor extraordinario; son el alimento para su autoimagen y su carácter.

Otro punto importante es el ambiente donde usted se ha desarrollado. Lo puede haber rodeado un ambiente lleno de dudas, de inseguridades, de falta de fe; por eso, puede ser difícil proyectarse positivamente. Cuando llega a un lugar y todo el mundo tiene un enfoque negativo, usted respira esa parte negativa. Lo puede sentir en su ser; y si los refuerzos, las referencias y las creencias que recibe son negativas no producirán cosas positivas.

El ser humano tiene que empezar a transformar su estilo de pensar; tiene que reconocer que es víctima o beneficiario de la forma en que piensa. Para provocar un cambio en la forma en que uno quiere pensar es necesario provocar un cambio en sus creencias. Quiere decir que la renovación de los pensamientos es una necesidad, un requisito, una herramienta que el ser humano tiene que empezar a utilizar para poder enfocar su persona hacia un futuro positivo.

Le voy a ofrecer un ejemplo interesante si puede visualizar cómo lavaban la ropa antes. Cuando no había lavadoras, se llenaba un balde con la ropa, se le echaba el agua y el jabón y se dejaba así varias horas para que se ablan-

dara la suciedad. Después se restregaba la ropa contra una tabla.

Si usted nació en la época moderna tal vez nunca vio eso; pero es muy interesante recordar cómo antes se lavaba. De la misma manera que se lavaba la ropa antes, tenemos que lavarnos la cabeza ahora. Creo que nuestro subconsciente necesita un lavado similar al que se hacía antes con la ropa. Lo único es que en vez de echarle jabón al agua, vamos a hacernos preguntas para producir cambios en nuestros pensamientos y actitudes.

Cuando usted se levante por la mañana, se puede preguntar: «¿Qué me hace feliz hoy? ¿Con qué estoy comprometido? ¿Qué hay que todavía no es perfecto?» Son preguntas que pondrán en funcionamiento a su sistema nervioso; se activará y le dará información que neutralizará la información negativa y la inseguridad. En cambio, usted enfocará las cosas positivas, porque estará pidiendo a su mente y a su sistema nervioso que le dé razón sobre lo que lo hace feliz.

«¿Cómo puedo conseguir buenos resultados? ¿Cómo puedo hacer feliz a mi cónyuge?» Estas preguntas son una forma de alimentar y fortalecer los pensamientos. Así suprimimos los pensamientos negativos.

Cuando una persona está deprimida, angustiada o enfadada, es porque ha concentrado toda su energía en las cosas negativas y no está enfocando las cosas buenas que le rodean.

Al menos una vez por semana mi familia y yo nos sentamos a conversar y a hacer una revisión de las cosas buenas que hemos experimentado esa semana. Nos alegramos de poder compartir momentos felices juntos, de los días bonitos, de tener una buena iglesia donde se nos enseña la palabra de Dios y donde podemos enriquecernos espiritualmente. Nos alegramos de los vecinos que tenemos, de la escuela que tienen los niños, de la calidad de vida que disfrutamos, de las amistades y de las satisfacciones que nos produce el trabajo.

Le invito a comenzar a hacerse preguntas: «¿Qué fue lo mejor que me sucedió el año pasado?» Haga un inventario de todas las victorias que ha tenido y pregúntese: «¿Qué tengo que hacer para mejorar la calidad de vida que llevo? ¿Qué cambios tengo que hacer para convertirme en la persona que aspiro ser?»

La falta de planificación y visión lleva muchas veces a que todo sea una lucha constante. Al no decidir nuestros propósitos y nuestra visión como individuos no podemos renovar los pensamientos porque estamos desenfocados. Es como si estuviéramos tratando de tomar una fotografía, de filmar una película de nuestra vida, pero sin saber hacia dónde enfocar la cámara.

El no saber hacia dónde vamos tiene una relación directa con la forma de pensar y actuar. Tenemos que sustituir un sinnúmero de pensamientos negativos mediante la repetición. Cuando usted repite por la mañana: «Me siento feliz. Hoy será un día extraordinario; estoy listo para enfrentarme a las demandas de la vida; hoy voy a dar todo lo que sea necesario para ayudar a nuestra gente», automáticamente empieza a generar energía. Le aseguro que usted tiene la capacidad de generar esa energía. Lo he vivido en carne propia.

Yo también tuve que reprogramarme. Antes pensaba que no podía hacer esto o lo otro; pero aprendí que sí puedo hacerlo. Aprendí que puedo lograr todo lo que he determinado. Si me lo propongo y trabajo y pago el precio del éxito, realmente lo voy a lograr.

Cuando usted empieza a reclamar el poder que tiene derecho a reclamar y empieza a utilizar ese poder, empieza a desarrollar confianza, determinación y perseverancia; empieza a desarrollar un cambio de pensamientos, actitudes y hábitos. Eso lo llevará a esforzarse para alcanzar lo que quiere.

Desde el punto de vista espiritual —siempre hago un análisis psicológico, espiritual y emocional—, le digo que en la Biblia hay un mensaje que me llama mucho la aten-

ción. Son las palabras: "Todo lo puedo en Cristo que me fortalece."

Si usted tiene la dinámica de enfocar su atención en las cosas que desea, empezará a ser una persona distinta. Se iniciará un cambio en su vida. Eso, básicamente, es lo que tenemos que aprender, ¡y hay que empezar ahora!

Tenemos que empezar a cambiar nuestras actitudes; tenemos que modificar nuestros hábitos; tenemos que renovar nuestros pensamientos. Lo que sucederá es lo siguiente: Cuando comienza a renovar sus pensamientos cambiará su forma de vida. Cambiará también la forma de verse a sí mismo. Cambiará su forma de hablar; hablará con seguridad y confianza. Se notará que es una persona que tiene dirección. Cambiará su forma de sonreír, aun su forma de vestir. Será transformado en una persona con significado, con propósito.

Al conversar con muchos presidiarios de nuestro país y con los estudiantes en las escuelas, he observado la falta de propósito y de visión. Los estudiantes terminan la escuela superior y no saben hacia dónde van. Los presos terminan su sentencia y tampoco saben para dónde van. Muchas veces esa falta de propósito es lo que lleva a uno a la improvisación, y la improvisación es el primer síntoma de la falta de dirección. Cuando uno no sabe hacia dónde va, es como un barco en alta mar, que va a la deriva según soplen los vientos. Cuando el viento sopla hacia el sur, hacia el sur navega el barco; cuando el viento sopla hacia el norte; hacia el norte navega. No tiene un rumbo fijo, y cada vez que vemos ese barco, va en una dirección diferente. Nunca llega a un puerto. Lo mismo pasa a las personas que no tienen bien definidos sus objetivos.

Una persona que no llega a un puerto definido, que no tiene un rumbo definido, no puede desarrollar ningún proyecto. Constantemente está cambiando de parecer y echando la culpa a las circunstancias en vez de asumir su responsabilidad y tomar el control y el timón de su vida.

Para empezar a definir un propósito tiene que sentarse y pensar. Tiene que pedir dirección a Dios y saber lo que quiere hacer con su vida.

Tenemos una sola vida. Es corta; dura solo de setenta a ochenta años. ¿Cuál es la contribución que usted quiere hacer a su familia y a su comunidad? ¿Desea la satisfacción que produce cumplir sus sueños y objetivos?

Cuando una persona empieza a pensar, cuando se concentra y fija un objetivo, empieza a crear determinación, perseverancia y firmeza. Eso produce una seguridad contagiosa; es algo que tenemos que aprender a desarrollar. La determinación, la perseverancia, la confianza y la seguridad son indispensables para el desarrollo; eso es lo que le va dando la dirección al objetivo que uno quiere alcanzar. Es la gasolina que nos mantiene en pie de lucha y en victoria.

Para empezar a definir un propósito tiene que sentarse y pensar. Tiene que pedir dirección a Dios y saber lo que quiere hacer con su vida.

Sería extraordinario ver que la juventud, cuando uno le hable y le pregunte: «¿Para dónde vas? ¿Dónde vas a estudiar?», conteste: «Voy a estudiar en la universidad: economía, psicología, administración . . . Eso me produce satisfacción y será una buena contribución para mi familia y para mi pueblo.»

Ya mencioné que suelo visitar las cárceles. Converso con los presos y a veces pregunto a alguien que solo tiene dos semanas para terminar su sentencia: «¿Qué vas a hacer?» El recluso me contesta: «Bueno, no sé, quizá haga una fiesta después que salga de aquí; pero no sé lo que voy a hacer después.» Francamente, así me han contestado muchos que han salido de la cárcel. No tienen un propósito definido. De seguro que van a volver a la cárcel, porque no han planificado lo que quieren hacer. Su sistema nervioso está adiestrado a resolver fácilmente las cosas sin considerar los resultados y el precio que haya que pagar.

Cuando las personas empiezan a renovar sus pensamientos empiezan a sustituir los pensamientos negativos y pobres, por pensamientos firmes, con visión y propósito. El que decía que no podía, hoy dice que sí puede. El qué decía que no tenía tiempo, ahora dice que sí tiene tiempo. La persona que dudaba, que creía que no podía lograr nada, ahora dice que está seguro que lo puede alcanzar. Esa sustitución se puede provocar en cuestión de segundos; es solamente creer en el corazón que se puede lograr ese cambio.

A las personas se les hace muy fácil trabajar con su automóvil cuando se le daña y atender al niño cuando se enferma. De inmediato lo llevan al médico. Si es cuestión de tomarse unas vacaciones o de ir a trabajar eso también es muy sencillo. Pero cuando uno habla a una persona sobre el cambio de mentalidad y pensamientos, y le dice: «Vamos a sentarnos a evaluar lo que podemos hacer por ti para ayudarte a producir un cambio profundo», entonces las cosas se ponen difíciles; las personas se paralizan de una forma extraordinaria. Algo les impide reconocer sus debilidades.

Me gusta mucho el apóstol Pablo porque menciona que mientras más débil es la persona, más fuerte es en el Señor Jesucristo. Quiere decir que cuanto más rápido usted acepte sus debilidades para poderlas superar, más fuerte se pone. Usted no reconoce una debilidad para hundirse más, sino para poder superarla.

Muchas personas creen que son perfectas, que están bien, que no tienen nada que arreglar. Dicen ser personas positivas; pero al poco rato se están quejando porque tienen problemas que no saben resolver. No han aprendido a reconocer que también tienen debilidades.

Una persona tiene que ser sincera consigo misma y reconocer cuáles son las debilidades que tiene que superar. Este es el primer requisito para desarrollar una renovación en las actitudes y en los hábitos. Cuando usted es sincero y reconoce que tiene debilidades que le están impidiendo alcanzar lo que quiere, automáticamente empieza a buscar las soluciones dentro de usted y se pregunta: «¿Qué tengo

que hacer para mejorar la calidad de vida de mi familia? ¿Qué tengo que hacer para empezar a controlar mi carácter, ya que pierdo el control y me enfado?» Al hacerse las preguntas le vendrán las respuestas.

Si usted necesita gente para cierto proyecto, aparecerá la gente; si necesita dinero, aparecerá el dinero. Cualquier recurso que necesite, llegará si es sincero en su búsqueda.

Cuando uno trabaja de manera abierta y sincera las cosas se facilitan; caen las defensas. Si uno es sincero con los demás, por experiencia propia le aseguro que trabajará con más eficiencia.

No podemos negar que muchas veces somos temerosos. Tememos a lo que dirá la gente. Nos preguntamos qué pensarán las personas. Yo también tenía esos mismos pensamientos. Pero, ¿sabe una cosa? Otros también tienen sus problemas y no disponen de mucho tiempo para pensar en usted y en la solución a los problemas que usted tiene. Por lo tanto, le recomiendo que no le preste mucha atención a lo que dirá el vecino o lo que dirán las personas que le rodean, porque eso contribuye muy poco a mejorar sus circunstancias.

Más bien, abra su corazón, medite en lo que usted quiere lograr, y el cambio de actitud que quiere provocar en su propio ser. ¿Qué cambios de pensamientos tiene que producir? Empiece a concentrarse. ¿Qué tiene que hacer para conseguir la buena comunicación que desea establecer con su familia, con Dios y con los demás?

Una vez que logre tener una mente abierta, un corazón dispuesto, tendrá las herramientas necesarias para resolver sus problemas. Entrará en una etapa muy interesante, ya que cuando uno empieza a ser sincero consigo mismo, puede ser sincero con los demás y también con Dios.

La sinceridad lo ayuda a visualizar su situación e identificar sus necesidades; le ayuda a evaluar las necesidades que debe atender. Sabrá a qué cosas dar prioridad y podrá determinar cómo desarrollarlas.

Cuando una persona reconoce su potencial humano sucede algo importante. Antes pensaba que no podía; enfocaba su atención hacia los obstáculos. Ahora, en lugar de pensar en lo que dirá el amigo o la amiga, piensa en sí mismo: que puede hacer lo que se propone, que tiene el potencial, que Dios le dio las herramientas, que no hay nadie igual a uno entre todos los habitantes de este planeta.

Me encantaría encontrarme con miles de personas que estén contentos con su vida; que estén satisfechos y realizados por haber conseguido lo que aspiraban. Tenemos los recursos, tenemos la gente, tenemos las oportunidades, tenemos todo lo que se requiere para alcanzar nuestros sueños; pero es indispensable una renovación de nuestros pensamientos.

Usted muestra a los demás cómo son sus pensamientos mediante la forma en que habla. No sé si habrá leído alguna vez el libro *Lo que dices recibes* de Don Gossett. Es una publicación de Editorial Vida que le recomiendo. Le aseguro que cuando usted habla positivamente, cuando habla con fe, con seguridad, con determinación, con perseverancia, lo comunicará a la gente. Su manera de hablar provocará un cambio de actitud no solo en usted sino también en la gente que lo rodea.

Seguramente usted tiene muchas oportunidades en este momento; tiene muchos sueños que desea cumplir. No dudo que hay personas que le han dicho que es imposible alcanzarlos, que es difícil hacer lo que usted quiere hacer. ¿Sabe qué? Cuando alguien le diga: «Mira, la verdad es que lo que tú quieres hacer es difícil», no se desanime. Todo lo que usted piensa que se puede cumplir —lo que con mucho entusiasmo siente en su corazón que se puede hacer—, lo puede desarrollar y puede producir esa confianza y esa determinación que, inevitablemente, lo llevarán a que sus sueños se hagan realidad.

La renovación de sus pensamientos es la única forma que tiene para utilizar sus recursos; para empezar a despertar al gigante dormido que hay adentro, que quiere sa-

lir y sabe que solo puede salir si usted le da permiso. Ahora le estoy entregando la llave para que abra la celda donde está encerrado ese gigante dormido; la llave es su forma de hablar.

Usted le dará vida a sus sueños mediante su forma de hablar; mediante su forma de pensar; mediante la visión que desarrolle en su vida.

Para renovar sus pensamientos, sencillamente enfoque su atención hacia las cosas buenas que tiene y hacia las cosas buenas que quiere. Siga en pie de lucha y en victoria.

> *Le dará vida a sus sueños mediante su forma de hablar; mediante su forma de pensar; mediante la visión que desarrolle en su vida.*

4

SI USTED CREE, LO HARÁ

Entre los casi seis mil millones de habitantes que hay en nuestro planeta, no hay ninguno parecido a usted. Usted es original; no hay fotocopia. Como ya he mencionado, todas las personas están constituidas de la misma forma. Tenemos 208 huesos, 500 músculos y 7.000 nervios. Podemos hablar 150 palabras por minuto, y escuchar de 450 a 750 palabras por minuto. Respiramos 2.400 galones de oxígeno diarios. Podemos comer; podemos sentirnos amados; tenemos un espíritu. Pero a pesar de que tenemos los mismos recursos somos diferentes; hasta los gemelos, que muchas veces son idénticos físicamente, son distintos en sus pensamientos y emociones.

Lo importante es que usted se sienta orgulloso porque no hay otra persona igual a usted. Usted es un ser especial; es original. Tiene habilidades y talentos que quizá todavía no haya descubierto. Puede ser que no los haya reconocido todavía, o que no los haya desarrollado. Tal vez los haya comenzado a desarrollar; pero no los ha perfeccionado.

Seria bueno que haga un inventario de sus talentos y de sus habilidades. Puede ser que sea un excelente escritor en potencia, un excelente motivador. Tal vez usted es abogado, ingeniero, cantante, padre, esposo . . . , siempre haga todo lo posible por ser excelente. La excelencia marca la diferencia. Cuando requiere de sí mismo lo mejor, salen a relieve las cosas maravillosas que tiene escondidas.

No confunda la excelencia con la perfección, porque estamos en un proceso de crecimiento. Nuestra vida se va puliendo como un diamante y se requiere que seamos flexibles. Hay muchas cosas en la vida que no son perfectas; pero caminamos hacia la perfección.

Comience a preguntarse si realmente cree. ¿Qué cree y en qué cree? Comience a ser más consciente de quién es usted; a establecer metas en su vida que le den propósito y significado. Comience a conocer y cambiar los sentimientos que están afectando su desarrollo personal, para producir un cambio profundo en su carácter, que lo lleve a convertirse en la persona que usted aspira ser. Comience a pagar el precio de llevar una vida rica, estimulante, llena de felicidad, de paz y de tranquilidad, a pesar de las adversidades.

Nuestros sueños determinan nuestros logros. No podemos aspirar grandes cosas si no tenemos la capacidad de soñar y visualizar.

El éxito es un estilo de vida; es una actitud. Significa vivir cada minuto sabiendo que tenemos muchas cosas buenas por hacer. Es saber que tenemos la capacidad de cambiar el estado emocional en solo tres segundos. Es saber que podemos producir felicidad, paz, amor, tranquilidad, energía, alegría y gozo.

¿Ha reflexionado en que por cada minuto que pase abatido, enojado, frustrado y temeroso, va a necesitar once minutos de reacciones positivas para volver a la normalidad? Por lo tanto, tiene que entrenarse a cambiar de lo negativo a lo positivo.

Le puedo ofrecer la clave para ese entrenamiento. El hecho de que usted sepa que está respirando dos mil cuatrocientos galones de oxígeno, que puedes hablar cientos de palabras por minuto, que tiene el potencial de llevar a cabo grandes proyectos le puede ayudar a cambiar. Nuestros sueños determinan nuestros logros. No podemos

aspirar grandes cosas si no tenemos la capacidad de soñar y visualizar. Le garantizo que si no anota lo que quiere hacer, lo que aspira y lo que le gustaría cumplir en su vida, no saldrá del estancamiento; nunca llegará a creer en sí mismo.

Permítame hacerle estas preguntas:

- ¿Qué país le gustaría visitar?
- ¿Dónde le gustaría tomar sus vacaciones?
- ¿Cuál sería el lugar ideal para pasar las vacaciones y reorganizar su vida?
- ¿En qué casa le gustaría vivir?
- ¿Qué automóvil le gustaría manejar?
- ¿Qué perfume le gustaría usar?
- ¿Qué ropa le gustaría vestir?
- ¿Qué cantidad de ingresos necesita para el nivel de vida que lleva?
- ¿Qué cambios emocionales le gustaría producir?
- ¿Cuántos idiomas le gustaría hablar?
- ¿Qué educación desea brindar a sus hijos?

Dedique tiempo, sin interrupción, ya sea en el parque, en la playa o en una habitación y pregúntese: «¿Qué quiero lograr con mi vida?» Esa es la primera pregunta que debe contestar si quiere producir un cambio profundo en su vida y si quiere desarrollar su fe. La fe es la convicción de haber recibido lo que aún no se ve. Es la certeza de que uno aspira a algo.

Los Estados Unidos es una nación especialista en las estadísticas. Casi todo se mide a través del éxito de las personas. Sin embargo, las estadísticas no son las más alentadoras. Se informa que sesenta y cinco por ciento de la fuerza laboral no se encuentra satisfecha con el trabajo que realiza. Cincuenta por ciento de los matrimonios fracasan; no consiguen la felicidad soñada. Ochenta por ciento de las personas que se jubilan lo hacen en condiciones económicas muy desfavorables, a pesar de que han traba-

jado toda la vida. Solo cinco por ciento de la población tendrá solvencia económica cuando se jubile.

Aunque Estados Unidos es la nación más rica del mundo, ¿por qué a la gente se le hace tan difícil realizarse? La verdad es que a las personas se las educa en matemática, en idiomas, en ciencias, en el uso de computadoras y en los deportes; pero no se les enseña a administrar su vida, sus sentimientos y su visión. Creo que lo mismo ocurre en otros países.

Nos levantamos todos los días a resolver problemas; a cumplir con los deberes en el trabajo; a satisfacer las necesidades físicas, sociales, emocionales y espirituales. Desarrollamos hábitos que se convierten en un piloto automático que nos lleva a vivir a menudo de una forma aburrida, sin sentido y sin visión.

Quizá usted pertenezca al pequeño grupo de personas que, según estudios realizados, se encuentran motivadas, que tienen metas definidas, que saben controlar sus sentimientos, y que están realizando sus objetivos de una forma eficiente. Si no pertenece a ese grupo y quiere producir cambios radicales y profundos en su vida, le recomiendo que abra su corazón, su mente y su espíritu para identificar el potencial del gigante dormido que descansa dentro de usted y que quiere salir a realizar grandes proyectos y cumplir sus sueños.

Podemos comparar al gigante dormido con un elefante del circo, que a pesar de ser un animal fuerte que pudiera arrastrar con todo el circo, está amarrado a una soga de pocos metros y se queda tranquilo porque cuando era pequeño lo amarraron a un árbol grande, con una cadena fuerte. El elefante trató muchas veces de soltarse y, como no pudo, se dio por vencido.

Puede ser que a usted lo hayan amarrado a las cadenas de una autoimagen pobre; a las frustraciones de una sociedad deprimida y angustiada; a un sinnúmero de reglas, referencias, creencias y emociones negativas que están paralizando su espíritu, su imagen y su creatividad.

Imagínese la satisfacción que sentirá cuando se levante cada mañana y pueda dar gracias a Dios por una vida extraordinaria, llena de sueños, esperanzas y propósito.

Todo eso está impidiendo que se desarrolle en la persona que usted tiene derecho a ser.

El programa «Motivemos a nuestra gente» tiene como propósito ayudarle a identificar los recursos, las herramientas y las estrategias que le permitan establecer una guía para un plan maestro. Según ese plan usted puede desarrollar su potencial y convertirse en la persona que siempre ha soñado ser. Pero para lograrlo tiene que creer en sí mismo.

Lo que aspiro con esta obra es que asuma su responsabilidad y haga el compromiso de lograr un cambio. Imagínese la satisfacción que sentirá cuando se levante cada mañana y pueda dar gracias a Dios por una vida extraordinaria, llena de sueños, esperanzas y propósito.

El comienzo del cambio requiere que usted tome una decisión. Tiene que hacer un compromiso de la misma manera que decidió seguir una carrera; de la misma manera que se comprometió a hacer feliz a su cónyuge.

Si usted es padre o madre, ¿recuerda cuando nació su primer hijo? Usted se comprometió a dar todo lo suyo para proveer los recursos necesarios para que esa persona fuera feliz. Así también, usted tiene todos los recursos para ser una persona exitosa. ¡Depende únicamente de usted!

Tenemos que acondicionarnos para tener éxito. Tenemos que acondicionar nuestro sistema nervioso para poder amar a una persona, para tener un cuerpo perfecto, para poder controlar los sentimientos. A través del acondicionamiento podemos desarrollar pensamientos y pautas que nos dirijan hacia el éxito consciente y verdadero.

El acondicionamiento es un proceso que constantemente necesita recibir refuerzos. Esos refuerzos le pueden

producir placer, como cuando usted recibe un cheque inesperado o cuando recibe una buena noticia. Entonces se siente fuerte y vigoroso, ¿no es cierto?

Cuando trabaja y ve resultados, sirven como refuerzos que lo estimulan para que siga trabajando. Y si sabe que el seguir en cierta dirección lo llevará al fracaso, y le producirá dolor a usted y a su familia, se mantiene alejado de esas circunstancias negativas, ¿verdad?

Constantemente tenemos que estar tomando decisiones. Recuerde que lo que determina nuestras emociones y el comportamiento son los sentimientos que condicionan nuestro sistema nervioso. Tenemos que creer. ¡Si usted cree, usted puede!

Usted puede crear un cambio perdurable en su vida. No solo puede, sino que debe darse cuenta de que tiene que cambiar. Necesita creer que tiene que cambiar. Tiene que ser la fuente del cambio perdurable; el instrumento para producir el cambio. Para cambiar, tenemos que creer que podemos hacerlo.

¿Cómo podemos condicionar nuestra mente para producir los resultados que deseamos? Nuestra mente espera curiosamente las órdenes que le demos y está preparada para llevar a cabo cualquier cosa que le pidamos. La mente no sabe diferenciar entre lo positivo y lo negativo; no sabe diferenciar entre lo que es bueno y malo. Lo que recibe, lo que le damos, es lo que entra en esa computadora que es el cerebro.

Todo lo que usted necesita es una pequeña cantidad de combustible, el oxígeno de su sangre y un poco de glucosa. Su mente es capaz de procesar hasta treinta mil millones de bits de información por segundo y posee el equivalente a casi diez mil kilómetros de cables. Eso quiere decir que su mente tiene la capacidad de procesar información masivamente. El sistema nervioso humano contiene unos veintiocho mil millones de neuronas. Las neuronas son células nerviosas diseñadas para conducir los impulsos. Sin ellas, seríamos incapaces de interpre-

tar la información que recibimos a través de los oídos, de los órganos sensoriales.

La información que usted está recibiendo en este momento va a su cerebro; le transmite la instrucción y el cerebro la recibe y da instrucciones acerca de lo que hay que hacer. Esto es sumamente interesante, ya que cada una de las neuronas en sí es una computadora diminuta, capaz de procesar aproximadamente un millón de bits de información. Las neuronas actúan independientemente; pero también se comunican unas con otras a través de una red de ciento sesenta mil kilómetros de fibras nerviosas. La reacción de una neurona puede extenderse a cientos de miles de otras neuronas en menos de veinte milisegundos. Esto es muy rápido; diez veces más rápido de lo que se tarda en parpadear.

Teniendo a nuestra disposición este recurso tan poderoso me pregunto: ¿Por qué se nos hace tan difícil sentirnos felices de manera permanente? Nos cuesta el mismo trabajo sentirnos motivados que deprimidos. Se requiere la misma cantidad de energía. ¿Por qué se nos hace muy difícil cambiar el comportamiento? No queremos estar deprimidos, ni fumar o beber; tampoco queremos comer en exceso. Pero lo hacemos y no cambiamos. ¿Qué nos impide sacudirnos de la depresión? ¿Por qué no dejamos de lado las frustraciones para sentirnos alegres y felices cada día? Le aseguro que se puede hacer.

Tenemos la computadora más increíble que existe en el planeta tierra; pero desafortunadamente nadie nos ha enseñado a usarla. Cuanto más practique las cosas positivas y los pensamientos positivos, más fuerte se hará. Recuerde que si no usa su computadora, esa máquina maravillosa se va a enmohecer. Si no tiene el valor para producir un cambio en sí mismo, ¡nadie lo va a hacer por usted!

El compromiso que tenga consigo mismo determinará la victoria o la derrota. También el amor que sienta hacia usted mismo determinará si vivirá en victoria o en derrota.

Cuanto más duro se pone el camino, más fuerza, más energía, más creatividad, más perseverancia y más fe se requiere. La visión que tiene de sí mismo, de su familia, de su comunidad y de su país es lo más importante cuando se encuentre frustrado, deprimido y rendido porque no consigue los resultados que aspira. La fe —la convicción de ver realizado lo que aún no se ve— es un elemento indispensable para recuperar las fuerzas y seguir luchando a pesar de las dificultades.

Cuanto más duro se pone el camino, más fuerza, más energía, más creatividad, más perseverancia y más fe se requiere.

La perseverancia es el hábito de seguir luchando hasta conseguir la meta que se ha propuesto. Si se cae siete veces, ¡levántese ocho! Si le fallan las personas, continúe buscando opciones hasta conseguir la fórmula para alcanzar las metas.

Hemos sido acondicionados a rendirnos, a dejar de lado las cosas ante el primer obstáculo que se nos presenta. Solemos vernos muy pequeños ante los obstáculos y cambiamos de rumbo, de meta, de visión. Muchas veces nos entra un sentimiento de derrota y pensamos que no podemos avanzar. ¿Cómo podemos vencer y cambiar ese espíritu de derrota, de desaliento y de pesimismo que a veces nos ataca? De la misma manera que nos bañamos, que comemos, que descansamos y que nos cambiamos de ropa, necesitamos cambiar los pensamientos. Necesitamos cambiar los video casetes de la mente. Necesitamos cambiar esos pensamientos negativos que oprimen nuestro espíritu y nos hacen vernos derrotados.

Como ya dije, por cada minuto que uno pasa en lo negativo, necesita once minutos positivos para volver a la normalidad. Se puede sustituir lo negativo; se puede cambiar; se puede creer. Si usted cree, puede vencer.

Tenemos que buscar la dirección de Dios y usar la autoridad que nos ha dado como hijos de él. La imagen que tiene de sí mismo, el respeto que siente hacia su propia persona y lo que quiere desarrollar en su vida son elementos indispensables para poder tener éxito. Es importante que usted se hable todos los días, que reconozca que usted mismo es el arquitecto, el diseñador de su vida. Es importante cómo se ve a sí mismo, cómo se siente y cómo se comporta. Hable y respire con tranquilidad y paz, porque el espíritu inspirado por Dios es la herramienta más poderosa para cambiar la derrota en victoria.

No pierda los estribos. No se desespere, porque, si lo hace, pierde el control de su imaginación, su creatividad, su entusiasmo; se nubla la visión y la capacidad de buscar opciones que le permitan conseguir soluciones. Cuando se enfada, se disgusta y se enoja, delega el control de sus emociones y pasa a ser víctima de las situaciones que lo están afectando. Mantenga la calma y la tranquilidad. Siéntase seguro de que puede luchar y puede vencer. Recuerde que cuanto más grande sea el problema que tenga que enfrentar, mayor oportunidad tendrá para utilizar el potencial que Dios le ha dado. Así reconocerá cuán grandes son sus capacidades.

Manténgase en pie de lucha y en victoria. Para que lo pueda hacer, lo invito a mantenerse en dieta los próximos diez días. Se trata de una dieta mental. Una de las características de las personas exitosas es que son consecuentes y tienen la capacidad de establecer nuevos hábitos para sustituir las situaciones negativas que les están afectando. La dieta mental de diez días le ayudará a eliminar todos los pensamientos negativos que están fluyendo por su mente; podrá eliminar esos pensamientos y cambiarlos por pensamientos positivos.

Se sorprenderá al descubrir con cuánta frecuencia su mente recibe pensamientos no productivos, llenos de temor, dudas y preocupación. Muchas veces pensamos que es algo natural; como siempre hemos vivido así, pensamos

que así tiene que ser. La preocupación lleva a uno a un estado emocional que lo neutraliza y lo inutiliza para realizar cosas y buscar soluciones. ¿Por qué? Porque la preocupación enfoca su atención en el problema y no en la solución.

Cambie su estado emocional haciéndose estas preguntas:

- ¿Qué puedo hacer?
- ¿Qué puedo aprender de esto?
- ¿Qué hay de estupendo en esta situación?
- ¿Qué no es perfecto todavía?

Al hacerse preguntas, usted enfocará su atención en las cosas positivas. Las personas exitosas pueden mantener sana su mente aun en medio de las tormentas emocionales. ¿Cómo lo hacen? Pues no enfocan su atención a las cosas negativas; no gastan más de diez por ciento de su tiempo en los problemas; emplean el noventa por ciento en buscar soluciones.

Durante los próximos diez días, dedique todo su tiempo a buscar soluciones. Comprométase a seguir este desafío mental, ya que le estará enviando un nuevo mensaje a su mente. Le estará pidiendo sentimientos positivos que lo fortalecerán, lo enriquecerán. Usted se hará preguntas que lo inspiren y lo lleven a tener una nueva visión; a creer en usted mismo.

Este desafío no es para personas inseguras y débiles que no están comprometidas con una visión de su futuro. Este desafío es para las personas que se comprometen a acondicionar su sistema nervioso para una nueva pauta emocional, que les permita capacitarse y conducir su vida hacia un futuro limpio de basuras y de pensamientos negativos y destructivos que han estado paralizando su desarrollo y su calidad de vida.

Cuando enfocamos nuestra atención en las cosas negativas, producimos la cárcel que encierra todas las cosas buenas que tenemos dentro de nosotros mismos. Este ejercicio le favorecerá en cuatro aspectos:

1. Le permitirá analizar los pensamientos que corren por su mente.
2. Le ayudará a buscar opciones positivas para cambiar su estado emocional.
3. Producirá confianza en usted mismo.
4. Creará un nuevo hábito, desarrollando expectativas que lo llevarán a expandir su visión personal.

Una vez que usted desarrolle el hábito de pensar positivamente, sus viejas pautas no volverán. Así habrá eliminado las influencias tóxicas de los pensamientos negativos.

No se fije en las dificultades del pasado; ya el pasado está muerto. Lo único que es real y verdadero es el ahora y el futuro.

¡Levántese a conquistar lo que le pertenece! Para eso tiene que creer en sí mismo, y tiene que definir exactamente cuál es su visión y su propósito en la vida. Debe saber administrarse a sí mismo; debe aprender a cambiar su estado emocional, a no enfocar las cosas difíciles sino enfocar las soluciones.

¡Levántese y caminemos juntos en esta nueva jornada! Usted tiene solamente un destino y es el de convertirse en el arquitecto y en el diseñador del futuro de su vida. Déle gracias a Dios todos los días porque tiene la capacidad de cambiar.

No se fije en las dificultades del pasado; ya el pasado está muerto. Lo único que es real y verdadero es el ahora y el futuro. No importan los fracasos del pasado; lo importante es el presente y hacia dónde vamos. Caminemos juntos . . . paguemos el precio . . . ¡actuemos!

Si toma acción, le garantizo que será una nueva persona. Dé los pasos necesarios en la conquista de lo que le pertenece. Dios le dio la vida para que la disfrute, para que desarrolle al máximo sus capacidades y para que contribuya todo lo posible en bien de la humanidad. ¡Si usted cree, usted puede!

5

LOS RESULTADOS DEPENDEN DE USTED

Puedo darle toda la información necesaria sobre el camino del éxito; pero si usted no toma una decisión sincera y firme, y si no está dispuesto a pagar el precio para cumplir sus sueños y las metas que aspira alcanzar, sinceramente le digo que será una pérdida de tiempo.

Hay muchas personas interesadas en seguir luchando para alcanzar una vida llena de satisfacciones y logros. Hay otras que no están dispuestas a buscar alternativas sino que se han acondicionado y acostumbrado a vivir de una manera mediocre a tal punto que su gigante no está dormido sino muerto.

Si usted tiene el deseo de despertar al gigante dormido e ir hacia adelante y buscar resultados, le garantizo que alcanzará lo que se propone si paga el precio. Recuerde que el precio del éxito se paga por adelantado, al contado y trabajando.

Tengo un artículo titulado: «Los resultados dependen de usted.» Es verdad, los resultados dependen de usted mismo. Nunca culpe a nadie, ni se queje de nada ni de nadie, porque fundamentalmente usted ha hecho su vida. Acepte la responsabilidad de edificarse por sí mismo y tenga el valor de aceptar el fracaso para volver a empezar.

Quienes se atreven a pagar el precio del éxito piensan menos en los problemas y más en las soluciones.

El verdadero triunfo de las personas surge de las cenizas del error. Nunca se queje de su ambiente ni de los que le rodean. Hay quienes en su mismo ambiente supieron vencer. Las circunstancias son buenas o malas según la voluntad y la fortaleza del corazón.

Aprenda a convertir las circunstancias difíciles en situaciones favorables. No se queje de la pobreza, de la salud o de las circunstancias; enfréntelas con valor y acepte que de una u otra manera son el resultado de sus actos y la prueba que ha de ganar si paga el precio del éxito.

No se queje por la falta de dinero, porque abunda en muchísimas partes. No se amargue por sus fracasos ni se los cargue a otros. Acéptelos, porque de lo contrario seguirá siempre como un niño justificándose por ellos. Deje ya de engañarse. Usted mismo es la causa de su tristeza, de su necesidad, de su dolor, de su fracaso. Reconozca que usted ha sido el ignorante y el irresponsable; usted únicamente ha sido el que ha realizado su vida. La causa del presente es su pasado, y su futuro será el resultado del presente.

Aprenda de la gente fuerte y activa; de los audaces. Imite a la gente valiente; a los enérgicos y vencedores, a quienes no aceptan las situaciones difíciles. Quienes se atreven a pagar el precio del éxito piensan menos en los problemas y más en las soluciones. Así, automáticamente, los problemas quedan sin aliento y mueren.

Aprenda a ver las grandes oportunidades que le rodean. Aprenda a concentrar su atención en las soluciones a los obstáculos que se interponen al logro de los objetivos. Le aseguro que dentro de usted encontrará una disposición de hacer lo que sea necesario para conseguir los resultados que usted aspira.

Mírese en el espejo y aprenda a ser sincero consigo mismo. Reconozca su valor y su voluntad, y no se justifique

por sus debilidades. Conózcase a sí mismo. Eso será el comienzo de una vida nueva, ya que nadie podrá hacer el trabajo que le corresponde a usted.

Somos el resultado de los obstáculos a los cuales nos enfrentamos y del ambiente en que nos desarrollamos. La falta de dinero y los fracasos pueden debilitarnos y quitarnos hasta el deseo de vivir. Pero si sabemos utilizar positivamente esas experiencias, nos sirven para el futuro, para no volver a cometer los mismos errores.

No importa cuán difícil haya sido su vida, o si ha tenido abundancia; tiene la responsabilidad de usar aún más su voluntad, su potencial, su energía, su tiempo y sus recursos para ser una persona más exitosa. Los resultados dependerán de usted.

Mi deseo es apoyarle y darle toda la ayuda que necesite para que pueda tener éxito en su vida. Si se junta con personas que no saben buscar soluciones, aprenderá de ellas a no buscar soluciones. Si se junta con los que tienen el entusiasmo, el deseo y la convicción de seguir hacia adelante y de buscar soluciones, aprenderá a buscar opciones para conseguir los objetivos que aspira.

Hay que caminar firme y decidido para conseguir los resultados que aspira. Hay que comprometerse con esos resultados. Hay que visualizarlos.

En mi trabajo tengo la oportunidad de hablar con muchas personas. Especialmente en mi trato con los jóvenes he notado mucha inseguridad. La inseguridad y la duda son elementos que causan desesperación, ya que adormecen y limitan el potencial del ser humano.

Los resultados que verá de sus esfuerzos dependerán de la capacidad que usted tenga para utilizar su potencial; pero si está lleno de dudas e inseguridad, generará una actitud negativa que limita su potencial.

Amigo lector, no podemos rendirnos. El fracaso viene cuando uno se rinde. Cuanto más difícil sea la situación que tengamos que superar, más debemos acercarnos a Dios para pedir su dirección. Con la ayuda divina podremos

utilizar nuestro potencial, generar energía y conseguir resultados. Pero la pregunta es: ¿Qué resultados está buscando?

Las excusas solamente satisfacen al que las da y debilitan el carácter del que las acepta.

Si usted está dispuesto a trabajar para lograr resultados positivos en su vida, le pido que tenga a mano papel y lápiz. Con eso puede comenzar a trabajar.

Tal vez usted está cansado o disgustado. Tiene que cambiar el estado emocional, mental y físico, ya que ese estado es el que paraliza su crecimiento. Recientemente, leí un artículo del británico Bernard Shaw, que se refería a la gente que se siente cansada.

Decía que el año tiene 365 días de 24 horas, de las cuales 12 horas están dedicadas a la noche y hacen un total de 182 días; por lo tanto, nos quedan 183 días hábiles, menos los 52 domingos, lo cual nos deja 131 días; descontando los 52 sábados quedarían un total de 79 días de trabajo; pero como las 4 horas diarias dedicadas a la comida suman unos 60 días, significa que quedan 19 días para dedicar al trabajo. Como uno goza de 15 días de vacaciones solo quedan 4 días para trabajar, menos aproximadamente 3 días de permiso que uno pide por estar enfermo o para hacer diligencias, queda únicamente un día de trabajo. Ese es el día del trabajo, en el cual no se trabaja; por lo tanto, uno no tiene por qué estar cansado. Entonces, ¿de qué se siente usted cansado?

El cansancio es una actitud. Sencillamente nos levantamos cansados y nos acostamos cansados; nos levantamos deprimidos y nos acostamos deprimidos. Tenemos que aprender a cambiar el estado emocional, cambiando la forma en que nos vemos a nosotros mismos.

No presente excusas por no empezar a trabajar para lograr los resultados que desea. Las excusas, como he dicho anteriormente, solamente satisfacen al que las da y debilitan el carácter del que las acepta.

Con papel y lápiz en mano, empiece a visualizar lo que usted necesita alcanzar, lo que usted quiere. Puede ser algo muy sencillo o algo más complicado. Por ejemplo, tal vez a usted le gustaría comprar un automóvil. Pues, ¿qué automóvil es el que usted quiere? O tal vez usted desea comprar una casa, o quiere estudiar, o desea hacer un viaje de vacaciones. Puede ser que desea terminar un doctorado, o tal vez quiere mejorar su condición física. No importa lo que usted quiera alcanzar; si se lo propone, lo cumplirá.

Todo lo que usted vívidamente imagine, ardientemente desee, sinceramente crea, entusiastamente entienda . . . inevitablemente sucederá.

Una vez que uno establece la lista de lo que desea, hay que escoger las metas que uno considera más importantes. Puede ser que sea mejorar los conocimientos del idioma inglés, terminar los estudios universitarios, conseguir un nuevo trabajo, mejorar las relaciones con el cónyuge o aumentar los ingresos.

Es importante ser especifico al señalar lo que uno desea. Visualizar lo que desea, con lujo de detalles, es dar el primer paso para conseguir los resultados.

La visualización es la capacidad de ver, imaginar y crear en su mente lo que usted hará. Todo lo que hacemos, solemos ver antes de hacerlo. Si usted quiere comer, ya sabe a cuál restaurante o cafetería quiere ir. Cuando se levanta para vestirse a la mañana, usted sabe qué ropa se pondrá ese día. Hemos sido programados de tal manera que antes de hacer lo que vamos a hacer, ya concebimos los resultados que queremos alcanzar.

¿Se da cuenta de que es importante desarrollar el hábito de empezar a ver específicamente lo que queremos cumplir? Es maravilloso darse cuenta de que tiene la capacidad de ver específicamente lo que sucederá o lo que uno quiere realizar. Esa visualización desarrolla lo que se llama la fe, siendo la fe la convicción de percibir lo que aún no se ve.

Cuando uno tiene fe de que puede alcanzar lo que desea, automáticamente empieza a desarrollar confianza. Esa confianza lo lleva a actuar y a buscar soluciones a los obstáculos que se interponen en la consecución de las metas.

Cuando empieza a desarrollar confianza y fe en que es factible lo que desea o aspira, desarrolla determinación. Esa determinación lo lleva a actuar. Usted sigue todos los pasos en el proceso para alcanzar la meta que se ha propuesto; es decir, empieza a moverse para hacerlo una realidad.

Se dice que no podemos y no debemos vivir sin planificación. Si no planificamos nuestra vida, no logramos los mejores resultados. Cuando uno empieza a planificar, visualizar y desarrollar fe, confianza y convicción, empieza a contagiarse de entusiasmo y a utilizar parte de la imaginación y creatividad que antes no estaban siendo utilizadas eficientemente. En ese momento, el sueño que uno quiere cumplir lo invita a actuar; lo emociona y lo motiva a moverse y realizarse.

Hay elementos que a menudo anulan la capacidad de utilizar la visualización. Está comprobado que uno de ellos es la preocupación. La preocupación se define como «ocuparse anticipadamente de la situación». Muchas personas invierten días, semanas y meses preocupándose por una situación. Cuando pasa el tiempo, nada de lo que tanto los preocupaba sucede.

El ser humano está rodeado de demandas y situaciones que requieren constantemente buscar alternativas para solucionar los problemas. Es de lamentar que muchas veces las personas dedican el tiempo al problema y no a las soluciones para establecer metas y conseguir los resultados que son importantes para su vida.

Clínicamente, se ha definido la preocupación como una congoja o un estado mental erróneo en el cual cae la mayoría de las personas. Esa congoja es una ansiedad o una inquietud. En los centros comerciales, se puede ver a muchos ha-

blándose a solas, preocupados. En el trabajo las personas están haciendo su labor; pero el pensamiento está en la situación del marido, la hija, el hijo, el cuñado, la mamá enferma . . . Cuando consideran su productividad, su eficiencia está por el suelo, porque no se han concentrado. ¿Será porque las personas no saben diferenciar entre lo que es estar preocupado y estar ocupado?

Tenemos que ser muy cuidadosos y no dejarnos vencer por el elemento negativo de la preocupación.

La preocupación causa inacción; debilita la visualización, la imaginación y la creatividad. Al limitarla, uno no actúa y no busca soluciones. Significa que cuando uno está preocupado, la inteligencia y la creatividad empiezan a suprimirse, a tal extremo que uno hasta puede enfermarse.

Por lo dicho, se habrá dado cuenta de que uno de los hábitos más negativos que tiene el ser humano es la preocupación. La preocupación puede generar un desequilibrio en el sistema digestivo. Indispone el estómago y uno sufre de irritaciones estomacales y acidez. El diagnóstico del médico es que uno está perfectamente bien, que no tiene nada. Pero en realidad, está siendo consumido por la preocupación.

Noventa por ciento de las personas se preocupan constantemente. Siguen un hábito negativo de preocupación en vez de utilizar el potencial que Dios les ha dado. Le recomiendo que no invierta más del diez por ciento de su tiempo en los problemas y, más bien, el noventa por ciento en buscar soluciones.

Tenemos que ser muy cuidadosos y no dejarnos vencer por el elemento negativo de la preocupación. Debemos empezar a evaluarnos y entender cuáles son las cosas que nos causan esa ansiedad para sacarlas a la luz y no permitir que nos dominen, nos controlen y nos debiliten.

Cuando una persona empieza a ver la vida de una forma positiva, sin importar las adversidades —sabemos que la vida tiene adversidades—, hay una gran diferencia. Esa diferencia es la actitud ante las adversidades. Empieza a entender que puede solucionarse el problema, porque no hay problema sin solución. Y esa actitud empieza a desarrollar la confianza y la determinación que se requiere para conseguir los resultados.

Para controlar sus sentimientos de preocupación, hágase las siguientes preguntas:

- ¿Qué puedo aprender de esta situación que me está afectando?
- ¿Qué cosas todavía no son perfectas?
- ¿Qué cosas tengo que mejorar?

Cuando empieza a preguntarse con qué está comprometido y cómo puede mejorar su vida, automáticamente quita el enfoque del problema y empieza a buscar soluciones.

Cuando decida empezar a trabajar para lograr resultados positivos, firmes y decididos, ha subido el primer escalón que se requiere para llegar a la cúspide del éxito. Cuando decida lo que quiere hacer en los próximos sesenta meses, en los próximos ciento veinte meses, en los próximos doscientos cuarenta meses, en los próximos cinco, diez, quince y veinte años, y empiece a establecer lo que quiere realizar física, espiritual, cultural y socialmente, lo que quiere lograr en el campo intelectual, económico y profesional, habrá empezado a escribir el libro del éxito de su vida.

Escribir ese libro no es un proceso fácil; pero puedo asegurarle resultados positivos en la vida si se decide hacerlo. Creo que toda persona tiene derecho a vivir, a llevar una vida plena y disfrutarla; pero tiene que planificar la calidad de vida que desea desarrollar.

Se cuenta de un joven que se graduó de la universidad. Le hicieron una invitación para que empezara a ahorrar y dijo que no. Consideraba que estaba muy joven y decidió

que cuando empezara a trabajar iba a ahorrar. Cuando empezó a trabajar decidió no ahorrar nada porque necesitaba dinero para comprar su automóvil y su ropa. Luego se casó y tuvo dos hijos. Ya se le hacía difícil ahorrar porque los niños consumían mucho. Había que pagar la renta, los alimentos y la ropa. Cuando sus hijos se fueron a la universidad, el papá, que no ahorró nunca, tuvo que hipotecar la casa para pagarles los estudios. Ahora es un hombre de sesenta y cinco años de edad, con una pequeña pensión del seguro social. Dice que no le alcanza para vivir y que necesita ser apoyado por sus hijos. Tiene que vivir con los hijos, dependiendo de ellos. Ese es el resultado de no haber ahorrado.

Tenemos cientos de millones de personas jubiladas en América Latina y en los Estados Unidos que sufren necesidad. Más del sesenta y cinco por ciento de nuestros jubilados están en quiebra, muchas veces por falta de planificación.

Medite un momento en lo que usted quiere alcanzar. Medite sobre lo que quiere realizar y entienda que nadie le resolverá sus problemas. Si no se siente satisfecho con la condición de vida que lleva, y si cree que puede mejorar, tiene que empezar a evaluar su futuro. ¿Cómo está escribiendo el futuro de su vida? ¿Ha logrado todo lo que desea y puede lograr?

Es urgente que usted empiece a administrar eficientemente su tiempo. También es urgente enseñarles a los jóvenes a planificar ahora su futuro.

La planificación debe convertirse en un hábito, en una actitud a todos los niveles: en el hogar, en el trabajo, en la escuela. Si aprendemos a planificar, seremos personas con dirección en la vida, personas que lograrán grandes resultados.

LOS GENERADORES DE MOTIVACIÓN

La motivación es un tema que ha revolucionado mi vida, y estoy seguro que revolucionará también la suya.

¿Qué es la motivación? ¿Qué nos motiva las veinticuatro horas del día? Desde que una persona está en el vientre de su madre está motivada: pide alimentos y necesita amor. Se dice que en el vientre materno todas las necesidades son satisfechas a plenitud. El hombre es el ser que más motivación puede generar, y la capacidad que tiene para generar motivación es ilimitada.

Creo sinceramente que toda persona tiene el derecho a aprender a motivarse solo. Es lamentable que el sistema de educación no enseñe a los jóvenes a reconocer la capacidad que tenemos de generar motivación y de lograr cambios de actitudes para enfrentarnos a las demandas de la vida.

La motivación es el deseo que nos impulsa a desarrollar las cosas que deseamos hacer. Hay un motivo que nos lleva a realizar lo que deseamos. Esa motivación la pueden generar impulsos externos así como necesidades internas.

Digamos que una mamá le dijera a su hija: «Vete a lavar los platos, por favor», y la hija se levantara voluntariamente para hacerlo. Sería porque hubo la combinación de una solicitud externa y el compromiso interno que tiene esa hija de ayudar a su mamá.

Eso suele suceder de distintas formas. De niño me decían: «Por favor, ve y bota la basura.» Ese era uno de los trabajos que menos me gustaba hacer, y evitaba hacerlo. Pasaban dos, tres horas, y hasta dos días, y no botaba la basura. Entonces mi mamá o mi papá me daba un «cocotazo». Por lo general, cuando uno recibe ese golpe, se motiva; cumple su deber so pena de castigo. El cocotazo se convierte en la motivación externa para actuar.

Algo similar sucede cuando a alguien le dice: «Te voy a dar cinco pesos para que me laves el auto.» La persona se levanta de la silla e inmediatamente se la ve con el equipo en mano: manguera, balde, jabón y cepillos. Lava el auto bien motivado y a la media hora está reluciente. Esa motivación se conoce como motivación por incentivo.

Digamos que usted se encuentra con alguien que tiene el estómago vacío porque hace dos días que no come nada. Usted le dice: «Acompáñame a casa. Voy a preparar una parrillada con chuletas, salchichas y pollo.» ¿Se imagina cómo reaccionaría esa persona? Me imagino que se pone muy contenta y que la sangre empieza a correr por su cuerpo con más velocidad; respira de una forma más rápida y se siente feliz porque terminará con lo que está acabando con ella: ¡el hambre! Esa es una motivación básica.

Los seres humanos tienen la capacidad de generar motivación constantemente; pero los niveles de motivación no son permanentes, ni son iguales. No estoy totalmente motivado las veinticuatro horas del día. Sí estoy motivado; pero mis niveles de motivación varían de acuerdo a las circunstancias, las metas y los objetivos por los cuales estoy viviendo. En un momento dado puedo estar indispuesto y mis niveles de motivación declinan.

Aunque no siempre estoy totalmente motivado, sí tengo una actitud positiva para controlar mis sentimientos y hacer frente a las demandas de la vida. Busco soluciones a los problemas que me impiden ser feliz, a los que me impiden seguir adelante.

Los seres humanos hemos sido enseñados a generar motivación a niveles muy bajos. Pocos son los que han encontrado sus niveles máximos de energía. Nos levantamos en la mañana sin encender el corazón, sin chispa. Por lo tanto, no podemos motivar a los demás. Como personas tenemos la capacidad, no solo de motivarnos a nosotros mismos, sino de provocar motivación en otros.

Tengo un lema personal: «Siempre estamos en pie de lucha y en victoria.» ¡Estoy decidido a ganar la batalla! A eso lo llamo el contagio de la motivación. Se trata de un contagio positivo, ya que en cualquier lugar la gente es motivada. Todo el mundo se contagia; todo el mundo se siente contento y eufórico porque hay un ambiente positivo, lleno de esperanza, felicidad y prosperidad. Es un ambiente fabuloso. Pero también he vivido momentos llenos de duda cuando me faltaban confianza y seguridad.

Muchos han sido condicionados a tener un estilo de vida negativo. Siempre están pensando en que no pueden hacer las cosas; dudando de que algo bueno se pueda llevar a cabo. Les falta la fe y piensan que nunca podrán realizar sus sueños, si es que tienen alguna aspiración.

Considero que la primera enfermedad de nuestro pueblo latinoamericano es la falta de fe, confianza y seguridad. Es también la falta de determinación y propósito. ¿Cómo resolveríamos este problema? Hay que enseñar cuanto antes a nuestra gente a cambiar las actitudes de incredulidad y dudas que están impidiendo que salgan a la luz las cosas buenas que hay dentro de cada persona. Hay que cambiar el estado emocional; se debe cambiar la computadora que tiene en su mente que está llena de información incorrecta. Hay que transformar las actitudes.

Usted necesita aprender a motivarse a sí mismo; a desarrollar un propósito que empiece a generar una motivación permanente, siguiendo una visión. Esa visión genera una motivación contagiosa y positiva; una motivación que lo podrá mantener en pie de lucha y en victoria.

Así como hay una motivación positiva, también existe una motivación negativa. Todos los días hacemos muchas cosas con el piloto automático. No sabemos si es algo positivo o negativo porque actuamos automáticamente.

Cuando uno roba un automóvil, está motivado; cuando le quita la vida a otra persona, está motivado, aunque esa motivación es muy negativa.

Cuando a uno lo motiva una circunstancia externa, puede ser que a la vez lo motive una circunstancia interna. Quizá está enojado o tiene una necesidad económica o de salud. Se entiende que esa motivación se puede corregir.

Volvamos a lo fundamental, al estilo de pensamiento del ser humano, a sus conceptos éticos y morales, a sus actitudes, creencias y hábitos. Estos producirán resultados.

Para motivarse a uno mismo, hay que conocerse y hay que reconocer las cosas buenas que uno tiene, las que lo hacen feliz, las que le enriquecen la vida. También hay que conocer las cosas negativas y débiles que uno tiene que cambiar, lo que todavía no es perfecto.

Nadie es perfecto; pero podemos aspirar a ser perfectos. Aunque no podamos lograr la perfección ahora, puede ser que en un futuro cercano podamos alcanzarla. Me refiero a la excelencia: la capacidad de hacer lo mejor que se pueda.

Dios nos ha dado un precioso regalo. Es un regalo que puede producir grandes resultados; un regalo que nos permite generar grandes satisfacciones; un regalo mediante el cual podemos ayudar a otras personas; un regalo que nos permite producir nuevas vidas; un regalo a través del cual podemos transformar a la gente. ¡Ese regalo es la vida! Lamentablemente no hemos aprendido a valorizarlo. Es un regalo bello, de un valor extraordinario.

El primer requisito para generar motivación permanente es preguntarse: «¿Quién soy? ¿Qué deseo en la vida?» Es sencillo. Cuando uno reconoce que tiene todos los medios dentro de sí y genera una actitud positiva hacia sí mismo, produce una motivación positiva. Al tener visión, puede convertirse en un motivador profesional.

Yo no puedo cambiar a nadie. Usted es el único que puede cambiar. Es el que toma la decisión de producir cambios profundos en su propio carácter.

Podemos leer cientos de libros sobre la motivación, escuchar muchas conferencias y asistir a seminarios, pero hasta que no reconozcamos que en nosotros está la máquina para generar esta motivación, no iremos muy lejos.

Es como el atleta que se levanta todos los días a correr. Camina y practica. Practica durante siete años para ir a las olimpíadas a competir por una medalla. Se disciplina, persevera y es constante en sus prácticas.

La motivación significa descubrir lo que uno quiere. Después que uno descubre lo que quiere, se debe buscar las opciones para conseguirlo. Se puede decir que la motivación es lo que da significado a la vida.

Siempre pregunto a los participantes en mis seminarios:

- ¿Qué quieres en la vida?
- ¿Por qué lo quieres?
- ¿Qué te hace feliz hoy?
- ¿Con qué estás comprometido?

Cuando uno identifica lo que quiere en la vida, tiene una razón para vivir y lucha para seguir adelante.

Sería un sueño que los suicidios disminuyeran. Usted dirá: «¿Por qué me habla de suicidios?» ¿Sabe que en veinticuatro horas cerca de veinticinco mil personas en los Estados Unidos intentan suicidarse? Y muchas de esas personas lo logran. Desprecian el precioso regalo que recibieron porque no tienen una razón por la cual vivir.

Una persona puede tener de todo: dinero, fortuna y libertad, y aun así, su vida puede carecer de significado. Tiene un vacío en su interior que nada ha podido llenar. Yo tuve esa experiencia.

Mi primer negocio lo puse a los doce años de edad. Vendía zapatos por catálogo. Me acuerdo que en una central de caña, una de las personas que dirigía la planta, me recomendó que les ofreciera a los ochocientos trabajadores

de la planta unos zapatos que tenían en la punta un pedazo de acero para proteger los pies de los empleados. Unas semanas antes uno de los empleados había perdido un pie en un accidente. Esa situación me hizo empresario a los doce años de edad.

Vendí cerca de doscientos pares de zapatos el primer mes, y el primer año llegué a vender cerca de ochocientos pares. ¡Son muchos zapatos!

Al vender los zapatos, me dí cuenta de que tenía la habilidad de hablar con la gente, una capacidad en la comunicación. Un jovencito bajito y delgadito hablaba con los jóvenes empleados de aquella planta.

Después llegué a desarrollarme como empresario en la misma planta. A los dieciocho años de edad puse una exterminadora de insectos. Y estudié en la universidad gracias a los insectos. Así terminé mi bachillerato.

Seguí desarrollando negocios, teniendo éxito y abundancia. Me casé con una mujer extraordinaria que me dio hijos preciosos. Tuve automóviles, fiestas y reconocimientos. Pero llegó el momento en que dije: «Todo esto me motiva; pero no me satisface.» Había satisfecho todas mis necesidades físicas, económicas, intelectuales y profesionales; pero mis necesidades espirituales no estaban satisfechas.

Jesucristo es el más grande motivador del mundo. Cuando uno llega a conocerlo y establecer una relación personal con él, entiende que el amor y la paz que Dios da al hombre no lo produce el dinero, ni los buenos empleos, ni el nivel social, ni nada en el mundo, porque son de una naturaleza distinta.

Usted no puede jugar baloncesto con las reglas de fútbol, ni puede jugar balompié con las reglas de voleibol. Así tampoco puede satisfacer sus necesidades físicas con los recursos que necesita para satisfacer sus necesidades espirituales; y las necesidades espirituales se satisfacen de una sola manera: por la comunicación directa con Dios.

La motivación es identificar lo que uno desea, reconocer el significado de lo que quiere, evaluar los obstáculos que le impiden alcanzar los objetivos, buscar las soluciones, y levantarse a trabajar y actuar para conseguir ahora las soluciones.

Ese es el problema: las cosas materiales han sido nuestra motivación, y hemos sacado del juego las necesidades espirituales, que no se pueden satisfacer a menos que tengamos una relación personal con Dios.

Qué bonito es decir: «Me siento feliz porque encontré la paz que Dios ofrece. Encontré la felicidad de un hogar saludable, un negocio extraordinario y una vida profesional que me produce la satisfacción de ayudar a miles de personas a cambiar su vida.»

Me alegra saber que he podido desarrollar el potencial que Dios me ha dado, usando la imaginación y la creatividad para ayudar a otras personas a producir cambios permanentes.

La motivación es identificar lo que uno desea, reconocer el significado de lo que quiere, evaluar los obstáculos que le impiden alcanzar los objetivos, buscar las soluciones, y levantarse a trabajar y actuar para conseguir ahora las soluciones. Pero una vez que alcanza sus metas, no se siente satisfecho sino que quiere lograr algo más. Se lo digo por experiencia.

Compré mi primer auto a los dieciséis años de edad. Era un Volkswagen usado que me costó seiscientos dólares. Yo me sentía como el joven más feliz de la tierra. Era un Volkswagen medio despintado; pero fue mi primer automóvil. Luego quería un auto más nuevo y compré un Datsun que me costó unos diez mil dólares. Luego quise tener un auto más nuevo y compré un Fiat Super Brava. Más adelante me compré un Buick LeSabre.

El ser humano tiene la oportunidad de aspirar cosas nuevas. Eso es lo interesante de la vida. No es estática.

El otro día estuve mirando un helicóptero. Ese medio de transporte es extraordinario, porque uno puede ir de una ciudad a otra en muy poco tiempo. Así se economiza de cuatro a cinco horas en la carretera. Al ver el helicóptero me pregunté: ¿Por qué no puedo tener uno?

Esa es una pregunta que rompe algunos patrones rígidos de jueces que nos pusieron cuando éramos pequeños. Nos inculcaron la idea de que no podíamos pensar en esas cosas; que no soñáramos con pajaritos preñados, porque éramos pobres. ¿Acaso no tenemos el derecho a soñar? ¿No podemos creer en el futuro porque no tenemos recursos económicos?

Muchos me comentan: «La verdad es que a mí no me motiva nada. Crecí lo que tenía que crecer; pero ahora que tengo más edad lo único que quiero es jubilarme.» Pues mire, yo tengo muchas metas importantes; entre ellas está el servir a nuestra gente, llevándole un mensaje claro y real de las cosas sencillas que cada uno puede implementar hoy.

Algo que me produce gran satisfacción es que cuando alguna persona me saluda y dice: «Gracias, J.R., por tus conferencias. Debido a tus consejos dejé de beber... me reconcilié con mi esposa... bajé veinticinco libras... aumentaron mis ingresos... conseguí la posición que quería...» Cuando oigo eso, siento en mi corazón que estoy sirviendo de instrumento para contribuir a la calidad de vida de otros. El crecimiento de miles de personas me sirve para mantenerme motivado las veinticuatro horas del día.

Miles de personas han recibido mis servicios profesionales, en Estados Unidos, Venezuela, México, Panamá, Argentina. Lo que tengo para compartir con la gente es vida, vida en abundancia.

Cuando usted descubre la energía y el potencial que tiene dentro de sí mismo y empieza a utilizarlo, reconocerá que no es nada sobrenatural que tenga éxito, que sea feliz,

que sea una persona motivada. Es tan natural como hablar, comer y dormir. Lo más natural es que usted sea una persona contenta, agradecida a Dios porque puede respirar, porque puede amar, porque puede caminar... porque puede cambiar.

Empiece a pensar en que ha nacido para triunfar, que tiene lo que se requiere para ser una persona feliz. Usted tiene la capacidad de generar motivación sincera para seguir adelante y conquistar lo que le pertenece; conquistar la felicidad, la paz, la tranquilidad. Usted puede conquistar el regalo que Dios le ha dado: ¡la vida!

Conquistemos las oportunidades que nos rodean. Digamos a la gente: «Me siento feliz de poder estar contigo. Me alegra poder contribuir para tu bien. Me siento feliz de poder ayudarte, de poder ser parte de tu negocio, tu familia, tu empresa. Me siento feliz de ser tu cónyuge.»

Usted tiene el gran reto de despertar el gigante dormido que hay adentro. Una vez que despierte, ese gigante será un generador de motivación las veinticuatro horas del día, los siete días de la semana, los treinta días del mes, los trescientos sesenta y cinco días del año. De la misma manera que usted tiene la capacidad de hablar, respirar y mirar, tiene la capacidad de motivarse, de mantenerse contento y confiado, convencido de su capacidad de identificar soluciones a las dificultades.

Lo importante es la visión que tiene de lo que sucederá en los próximos años. ¿En qué persona se va a convertir? ¿Qué contribución hará a su país, a sus hijos, a su vida? Tiene que empezar a contestar esas preguntas y definir lo que hará. Así se sentirá motivado a seguir adelante en pie de lucha y en victoria.

EL TRABAJO CONDUCE AL ÉXITO

El trabajo es el secreto del éxito. Muchos me han preguntado cómo se puede lograr el éxito. Pues, definitivamente, el éxito se puede lograr trabajando. Pero algunos quieren conseguirlo sin trabajar. Esto es muy difícil; en realidad, ¡es imposible!

Hasta cierto punto se le ha perdido el amor y el respeto al trabajo. Pero es el trabajo que le permitió a Cristóbal Colón descubrir América; es mediante el trabajo que el hombre llegó a la luna. Si no fuera por el trabajo no se hubieran logrado los grandes proyectos que se han realizado en los últimos cien años. Todo se ha hecho como resultado del trabajo.

El trabajo es la utilización del potencial humano: energía, recursos, experiencias y conocimientos.

He podido ver un sinnúmero de personas que tuvieron la oportunidad de estudiar y hasta recibir becas; pero no aprovecharon la oportunidad porque no quieren trabajar. Sencillamente, porque si trabajan pierden los beneficios sociales. Consideran que es mejor negocio no trabajar, porque los beneficios sociales son mayores que los beneficios económicos que resultan del trabajo.

Claro, esto no se aplica a todos los países de América, pero sí en los Estados Unidos y en Puerto Rico. Creo que es

una situación que se puede resolver buscando un cambio de actitudes y ayudando a las personas a reconocer la importancia del trabajo. Trabajar es algo digno porque edifica el alma y el cuerpo; es algo que ayuda y fortalece al ser humano. Las personas que no trabajan dejan de utilizar un potencial humano que Dios les ha dado.

El desempleo en nuestros países varía desde un diez hasta un veinticinco por ciento; sin embargo, hay muchas oportunidades de trabajo. Muchos solo trabajan para conseguir lo esencial para subsistir pero no para edificar un futuro. Lisa y llanamente, lo que les impide trabajar es la complacencia.

La complacencia es la satisfacción por lo que uno tiene. Muchos se complacen con tener una vivienda, cubrir los gastos de comida, agua, electricidad, teléfono. . . Consideran que con dos o tres actividades que hacen durante el mes les basta y que no necesitan tener un trabajo fijo. Eso es un grave error, porque el ser humano —cuerpo, alma y espíritu— necesita acción, ya que el sudor de la frente es el elixir del éxito.

Cuando uno disfruta de lo que está haciendo y está comprometido con esa tarea, automáticamente halla satisfacción. El trabajo que hago de motivar a muchos, de ayudarles a cambiar sus actitudes, me produce una satisfacción extraordinaria. Siento que así estoy contribuyendo al crecimiento del país.

No creo que es justificable que la complacencia se siga alimentando, ya que es uno de los elementos que más está impidiendo que las personas salgan a producir y a trabajar. Creo que caen en un estado de complacencia porque se ha dormido su potencial. Es como si se hubieran tomado una pastilla para hacer dormir su potencial y no están utilizando sus habilidades y talentos.

Otra razón que está impidiendo que la gente trabaje con deseo y amor es la actitud negativa que se ha desarrollado hacia el trabajo. Se considera el trabajo como un castigo, como un mal necesario para vivir. Más que un

elemento de desarrollo y una oportunidad para crecer, se considera una necesidad. Y en algunos casos ni eso.

Esa actitud negativa hacia el trabajo le impide a uno cumplir con eficiencia sus tareas. «A mí me pagan por hora —dice la gente—. Si hago esto en diez horas me pagan igual que si lo hago en cinco horas. Entonces, ¿por qué esforzarme?» Es la actitud de dar lo menos posible y exigir lo máximo. Esa actitud negativa no solo daña a las personas mismas sino también a la empresa, al gobierno y a los compañeros.

Hay que trabajar. Hay que buscarle solución a los problemas de la vida. Hay que reconocer que somos responsables por el futuro de nuestro país.

Otra de las razones por las cuales muchos no tienen interés en el trabajo es la falta de voluntad. Les faltan el deseo, la energía, el compromiso y la seriedad en el trabajo. No se consiguen los mejores resultados porque los que están trabajando no se dan al cien por ciento. La falta de voluntad es una falta de compromiso con la empresa o la organización con la cual se trabaja, con el gobierno y hasta con uno mismo, para alcanzar los objetivos que la empresa se ha propuesto.

A éstos también se puede añadir la forma de pensar. La forma en que la persona ha sido acondicionada a pensar en el trabajo es otra razón que impide que haya un buen equipo de trabajo. Esta barrera no la vemos solamente a nivel de obreros y empleados sino también a nivel de gerentes y ejecutivos.

En todos los niveles he podido notar una falta de compromiso con los objetivos de la empresa. Como se ha perdido la visión de la importancia del trabajo, hay que empezar a desarrollar un nuevo deseo y compromiso con el trabajo; un cambio de voluntad y de actitud. Pero esto tiene que empezar desde el hogar, porque los hijos imitan la actitud que ven en sus padres. Si ven una falta de compromiso en su familia, eso es lo que aprenden.

Los hispanos tenemos que educarnos y crear conciencia de que el precio del éxito se paga por adelantado, y se paga trabajando. Es indispensable que nosotros definamos el éxito.

El éxito es definido muchas veces por el dinero. Otras personas lo han definido como felicidad. Para mí el éxito es la combinación de conseguir las metas propuestas y estar trabajando constantemente enfocados hacia esas metas.

Si una persona no tiene metas definidas, si no ha planificado su vida y no sabe lo que quiere, si tiene lo suficiente para cubrir sus necesidades básicas y no tiene una visualización clara de lo que le espera en el futuro, no tendrá motivación para trabajar y, por eso, se conforma con lo que está alcanzando.

Lamentablemente, muchas veces confundimos el éxito con el dinero. El éxito tiene relación con el dinero, porque el dinero es el instrumento para conseguir las cosas que queremos; pero no podemos considerar el dinero como lo primordial. De ser así, nos volvemos materialistas y perdemos la visión del verdadero valor de la vida. Hay muchas cosas que no se pueden conseguir con dinero, como la paz, el amor y la tranquilidad.

En nuestros días el éxito se está viendo como competencia. Si su vecino alcanza cierto nivel y le hace un arreglo a su casa, lo más seguro es que en los próximos seis meses las casas que le rodean también sean arregladas. Eso pasó en mi urbanización hace algunos años. Un vecino pintó su casa y en los próximos tres meses todas las casas fueron pintadas, aunque no lo necesitaran.

La competencia en sí es buena y tiene su valor; pero se la ha confundido con el éxito y eso no es bueno. El éxito no se mide con valores materiales. Si decimos que conseguir el éxito depende de tener buen automóvil, casa bonita, ropa de última moda, estamos muy equivocados. El ser humano tiene necesidades mucho mayores que las necesidades materiales; son las necesidades espirituales. Es verdad que tenemos necesidades en la familia, necesida-

des económicas y profesionales, necesidades en el aspecto social, educativo y cultural; pero la mayor necesidad es la espiritual. La satisfacción de todas esas necesidades tiene una relación con lo que es el éxito.

El éxito conlleva esfuerzo y trabajo, no solamente del jefe del hogar sino de toda la familia. En la empresa se logra el éxito si todo el personal trabaja en forma unida para realizar los objetivos de la empresa.

Podemos ser personas sumamente exitosas y no necesariamente ser millonarios. Hay muchos millonarios que, a pesar de tener mucho dinero, no son tan exitosos. Muchos no están felices. Han perdido la felicidad por convertirse en esclavos del dinero.

El amor, la sonrisa y el cariño de una persona no se puede comprar con dinero. Mucho menos se puede comprar el amor de Dios. Nuestro creador nos invita a venir a él para comprar el agua de vida «sin dinero y sin precio».

Para lograr éxito tenemos que establecer un plan de acción. Cada persona debe tener un plan de acción de un mínimo de sesenta meses, es decir, cinco años. Puede también tener un plan de acción de diez años. Así tendrá una visión de lo que sucederá en las próximas quinientas veinte semanas. Al planificar así la vida, comenzamos a ver ciertos detalles que no estábamos acostumbrados a ver.

Por lo general, las personas tienen más metas en el aspecto económico que en el espiritual. El aspecto económico es importante, pero no debemos olvidar el aspecto espiritual. Tenemos que tener un equilibrio entre los aspectos familiar, social y cultural, económico y espiritual. En todos estos aspectos, el ser humano necesita sentirse contento.

Para mí el éxito significa sentirme contento con todo lo que hago, en la realización de mis metas y mis sueños. Cuando puedo trabajar cada día y hacer un esfuerzo genuino por lograr mis objetivos siento valor como persona. Trabajar para lograr mis metas vale mucho más que si me regalaran el éxito en una bandeja de plata.

Desearía que usted evalúe cuál es su actitud hacia el trabajo; si le gusta trabajar y si le gusta lo que está haciendo. Si no disfruta de su trabajo, ¿qué le gustaría hacer? Si no le produce satisfacción, ¿qué desearía hacer a cambio?

Un estudio que vi recientemente dice que el sesenta y cinco por ciento de las fuerzas laborales de los Estados Unidos no están satisfechas con la labor que están realizando. Significa que la gran mayoría de las personas que trabajan no están contentas con el trabajo. Por alguna razón, el trabajo se ha convertido en algo aburrido.

¿Le produce satisfacción lo que está haciendo? ¿Puede usted mediante su trabajo satisfacer sus necesidades? ¿Le permite crecer y utilizar su potencial? Analice cuál es su potencial y cuáles son sus habilidades y decida lo que quiere hacer en los próximos diez años. Luego defina un plan de acción para lograr lo que quiere realizar.

Si logramos que la fuerza laboral de nuestro país haga trabajos que le gusten, le satisfagan, le entusiasmen y le motiven, automáticamente reduciremos el desempleo. Reduciremos los problemas laborales, el absentismo y un sinnúmero de factores negativos que se desarrollan porque la gente está haciendo cosas que no le gustan.

Para que esto ocurra, necesitamos los recursos de la empresa privada, de la iglesia y del gobierno. Qué bueno sería poder desarrollar una campaña de crear una conciencia sobre la importancia de contribuir al crecimiento del país, ¿no le parece? Es cosa de crear conciencia de que cada persona que se quede en su casa sin aportar al crecimiento económico de su país, le está dando la espalda a su gente. Muchos me dirán que sí, pero que están buscando trabajo hace dos o cinco años, y que no han podido conseguir empleo.

Lo que hay que hacer es empezar a explorar las opciones. Si usted no puede vender su potencial directamente en una empresa, entonces venda un servicio o un producto.

Admiro mucho a las personas que usan todos los recursos. A veces voy por las calles y veo a señoras vendiendo chocolates, a jóvenes vendiendo frutas, a otros vendiendo enciclopedias. Para mí eso tiene un valor extraordinario. Son personas que se quedaron sin trabajo, pero que no se dan por vencidas. Quieren seguir hacia adelante. Tienen el deseo y el compromiso de contribuir para que su familia pueda tener los recursos necesarios. Son personas que no se han detenido, sino que han avanzado hacia adelante.

Cuando sugiero esta opción en algunos de mis seminarios, algunos que me dicen: «Lo que sucede es que a mí no me gusta vender.» Quiero hacerle una aclaración muy importante: ¡Todos somos vendedores! Aunque no trabajemos en ventas, todos tenemos la capacidad de persuadir, de motivar, de entusiasmar, de convencer . . . ¡y eso es venta!

Cuando el marido dice a su esposa: «Prepárame una tacita de café», le está haciendo una compra. Cuando la esposa le prepara el café, eso es una venta. Cuando un niño pide algo a su papá, está negociando con él. Cuando el empleado dice al jefe: «Necesito un aumento porque este año me nacieron gemelos», le está haciendo una venta a su jefe; es decir, está ofreciendo sus servicios a mayor precio.

Nuestro trabajo es vender. Somos vendedores innatos; vendemos ideas, sueños, productos, alternativas y servicios. Algunos no han desarrollado todavía la capacidad y el potencial que tienen para persuadir, motivar y convencer; pero de una u otra manera todos tenemos esa capacidad.

La primera persona a quien tiene que venderle sus ideas es a usted mismo. Tiene que empezar a vender la capacidad que usted tiene de persuadir. Cuando quiere algo usted persuade y convence; motiva a otra persona. Si cree en lo que está haciendo, usted convence. Si está seguro de que lo que está haciendo es bueno, va a persuadir a otros.

Cada persona tiene todo lo que se requiere para que pueda producir más de lo que está produciendo. Lo que a muchos les falta hacer es definir lo que quieren alcanzar en la vida. ¿Ya lo hizo usted? Empiece, entonces, a utilizar el trabajo como un instrumento para mejores logros en el futuro. Su aporte puede contribuir a un notable mejoramiento de su familia, su comunidad y su país.

Mi profundo deseo es que tengamos millones de hispanos llenos de entusiasmo y de compromiso, con una actitud positiva y el deseo de trabajar y contribuir para el bienestar de su pueblo. Pero cada uno tiene que pagar el precio, que es muy alto, porque requiere completa dedicación. El precio del éxito hay que pagarlo por adelantado y al contado. El precio del fracaso se paga poco a poco, generalmente al final.

Cada persona tiene todo lo que se requiere para que pueda producir más de lo que está produciendo. Lo que a muchos les falta hacer es definir lo que quieren alcanzar en la vida.

El que se rinda y no esté dispuesto a pagar el precio, escribirá una historia de su vida que inspirará a muy pocos. Pero los que perseveran y pagan el precio del éxito recibirán el apoyo, la admiración, el amor y el respaldo de su familia, sus amigos y su comunidad.

Le invito a unirse a las fuerzas de los triunfadores. Que sea uno de los primeros en decir: «Estoy disponible para contribuir, crecer, desarrollar y utilizar el potencial que Dios me ha dado. Deseo trabajar, porque el trabajo es el secreto del éxito.»

Analice su vida y vea lo que le produce satisfacción y lo que le gusta hacer. ¿Qué talentos tiene que puede utilizar para aumentar su productividad? No olvide que usted es el arquitecto y el diseñador del futuro de su vida. No hay nadie que puede hacer el trabajo que a usted le corresponde hacer.

El tiempo que pasó, ya pasó. Si en el pasado tuvo una actitud negativa, hoy puede cambiar su actitud hacia la vida, el trabajo y su familia. Pregúntese qué tipo de persona le gustaría ser.

- ¿En qué tipo de persona quiero convertirme?
- ¿Qué cambios tengo que hacer en mi persona para convertirme en esa persona que aspiro ser?
- ¿Cómo debo caminar, hablar y vestirme?
- ¿Cómo debo desarrollar mis músculos físicos y mis músculos espirituales?
- ¿Cómo puedo desarrollar mi capacidad mental?
- ¿Quién me puede ayudar?
- ¿Dónde puedo estudiar?

Cuando uno empieza a hacerse este tipo de preguntas, empieza a visualizar lo que quiere hacer. Y no solo eso, sino que dirige su enfoque hacia esas cosas.

Le espera un futuro extraordinario; no importan los problemas, no importan las dificultades. Por más grandes que sean los problemas, si tiene una actitud positiva hacia ellos, verá la solución. Invierta imaginación, recursos y determinación para poder generar soluciones. Al vencer los problemas usted se pone fuerte. Su desarrollo y crecimiento tiene una relación directa con su capacidad de superar los grandes obstáculos. Si todo se hubiera hecho fácil, la vida sería muy aburrida. ¡Ahora, más que nunca, nos toca trabajar!

8

EL RETO DEL LÍDER MODERNO

En un mundo de cambios, donde las personas constantemente están expuestas a grandes demandas y decisiones, y a la presión de lograr grandes resultados, sería conveniente tratar el tema del reto del líder moderno.

He tenido la oportunidad de conocer a cientos de líderes que están cumpliendo con su labor y, a la vez, he encontrado a muchas personas que no están dispuestas a aceptar la responsabilidad que conlleva el ser un líder eficiente.

Las personas de hoy pueden disfrutar el resultado de los esfuerzos que hicieron los líderes del pasado. Muchas personas creen que todo ha sido igual, que la vida no ha cambiado. Pero la vida era muy difícil en el siglo pasado. Y hoy se puede gozar los beneficios de los sacrificios del ayer.

Cuando converso con la juventud, entiendo que muchos prefieren delegar la responsabilidad de tomar decisiones y no enfrentarse al reto del futuro. Creo que éste es un grave error.

Leí recientemente que los hombres que siguen a líderes comunes y corrientes obtienen resultados comunes y corrientes. Por el contrario, los que siguen a líderes extraordinarios, verán resultados extraordinarios.

Al tratar sobre el tema del líder moderno, tenemos que reconocer el potencial que tiene cada persona. Usted debe utilizar sus habilidades eficientemente y buscar soluciones a los problemas que le impiden realizarse.

El líder tiene la característica y la capacidad de visualizar. Puede ver lo que sucederá y también tiene la capacidad de convencer, persuadir y motivar.

Hay otros líderes que son dictadores, autoritarios; asumen el control y se hacen dueños de todo. Esperan que se realice todo lo que han estipulado. La historia confirma que esos dictadores son vencidos por su mismo pueblo porque nadie desea seguir a otra persona por la imposición.

El reto del líder moderno es conseguir el apoyo voluntario de los que le acompañan. Donde existe armonía, buena comunicación y el deseo de apoyar la labor que se está tratando de realizar, se puede trabajar en equipo.

El líder democrático se sienta a hablar, busca la opinión de los demás, hace un consenso de opiniones y establece un plan de acción. Ese es el tipo de liderato que se ha implementado en Estados Unidos y que ha tenido muy buenos resultados.

Nunca podemos complacer a todo el mundo; pero no es eso lo que debemos buscar. Más bien, debemos tratar de conseguir los mejores resultados y que todos se beneficien.

El líder tiene que entender que si quiere establecer un estilo de dirección democrática tiene que ser un excelente comunicador. La comunicación es el proceso mediante el cual transmite su forma de pensar y sentir, a la vez que percibe la forma de sentir y pensar de los que le rodean. Es el proceso necesario para poder tener un estilo eficiente como líder democrático.

En mis estudios sobre la comunicación he visto que la comunicación verbal representa solamente el siete por ciento de la comunicación. El treinta y ocho por ciento de la comunicación se expresa en el tono que se utiliza para comunicar el mensaje, y el cincuenta y cinco por ciento de la comunicación es lo que se llama la comunicación no ver-

bal. Es la comunicación física: la expresión del rostro o el abrazo a otra persona.

Hay muchas formas de comunicación. Por ejemplo, cuando nos ponemos el perfume que le agrada a cierta persona o usamos la ropa que le gusta, comunicamos aprecio por los gustos de esa persona.

Es importante que estemos atentos a que el líder se comunica no solamente mediante la forma en que habla, y la forma que camina, que estrecha la mano, que comunica entusiasmo y convicción a otros.

Tenemos que ser buenos comunicadores para poder conseguir el apoyo de los que nos rodean. Con ese apoyo podremos realizar nuestros objetivos y las personas estarán trabajando en pro de nuestro plan de acción.

El líder tiene que entregar el cien por ciento de su potencial, su capacidad y sus talentos para poder realizar sus sueños y objetivos. Esto parece muy sencillo, pero he visitado muchas organizaciones, empresas, agencias de gobierno y escuelas donde ha sido muy difícil conseguir armonía y buena comunicación. Hay muchas divisiones dentro de los mismos equipos de trabajo que impiden que cada uno enfoque su atención en las cosas que se desean desarrollar.

Si se pregunta cuál es el problema, le digo que es el equipo de trabajo. Estamos divididos por raza y color, por niveles económicos y partidos políticos, y por creencias religiosas. Estamos tan divididos que hace falta revisar nuestros objetivos y enfocar la atención hacia lo que queremos realizar. Debemos mejorar nuestras relaciones humanas, mejorar la comunicación, mejorar nuestro entendimiento, para invertir nuestra energía en los objetivos que queremos realizar.

Muchos estamos invirtiendo nuestra energía en quejas sobre rechazos, discriminación y pérdidas de beneficios y oportunidades.

Las personas de éxito no invierten más del diez por ciento de su tiempo en los problemas; pero si invierten el noventa por ciento de su tiempo en las soluciones.

Tenemos que llevar este mensaje a nuestros jóvenes, a nuestros hijos y a la familia. Muchas veces los celos y la envidia se han incorporado como parte de la política del trabajo. Para muchos es más importante boicotear y sabotear el desarrollo de un compañero que participar en el logro de los objetivos.

Esto está impidiendo que muchas asociaciones hispanas prosperen. Hay lugares en los que hay cuatro cámaras de comercio y todas juntas no hacen una buena cámara de comercio. He ido a muchos lugares donde hay un sinnúmero de iglesias y todas juntas no hacen una buena iglesia. ¿Por qué? Porque nos hemos dividido en pequeños grupos. Lo veo todos los días.

Podríamos crecer mucho más rápido y realizar cosas más grandes si nos uniéramos en armonía y enfocáramos nuestra atención en las cosas que queremos realizar. He servido a más de cien empresas norteamericanas e hispanas y he visto que este es el problema básico, desde los de más alto nivel. Hay problemas de comunicaciones que parecen ser una guerra civil. Ya es tiempo de dejar esas cosas que nos dividen y enfocar la vista en las cosas que nos unen.

Tenemos que empezar a entender que el líder tiene que ser una persona abierta a recibir los puntos de vista de otras personas y estar disponible a recibirlas, escucharlas, entenderlas y evaluarlas para ver cómo se pueden implementar esos conceptos e ideas.

A las personas les fascina participar en el crecimiento. Tenemos que dar oportunidad a otros para que se sientan parte de lo que estamos haciendo. Creo que mi éxito personal está basado en el hecho de que doy oportunidad a otros a participar y darme su opinión, a comunicarme su evaluación de los conceptos que presento.

Muchos líderes tienen ese concepto. Se dice del señor Walt Disney que animaba la participación de sus empleados. Ellos le daban sus recomendaciones, y al finalizar un proyecto todo el mundo había participado. Y todos se sentían satisfechos porque habían contribuido.

Una de las características más importantes del líder es la fe que tiene en su gente. La fe que tiene en sus objetivos y en sus proyectos. Pero sobre todo, la fe en Dios.

La fe es un elemento sumamente importante para toda organización, porque es un elemento intangible. No se la puede comprar en la farmacia. No se puede pedir dos libras de fe.

La fe es la seguridad de recibir lo que se espera pero que no se ve. La fe es convicción, certeza, seguridad. Es la determinación de que las cosas se realizarán con nuestro esfuerzo y trabajo.

La fe es la base que motivará a un grupo a seguir a su líder. Producirá convicción y seguridad cuando el líder transmite a su gente una visión que los mantendrá unidos y afirmará una confianza fuerte y sólida en la realización de los sueños.

Muchas veces me he preguntado por qué se hace tan difícil desarrollar la fe. Es que nuestro sistema nervioso y nuestra convicción espiritual no están desarrollados para tener fe. Estamos adiestrados para dudar y para desconfiar.

Cuando hablo con las personas me dan explicaciones sobre el porqué no se pueden hacer las cosas, en vez de enfocar la atención en la manera como se las pueden realizar, y cómo se pueden superar los obstáculos.

La fe es una de las capacidades espirituales que Dios da a la persona para desarrollarla. Usted tiene esa capacidad, esa expectativa positiva para alcanzar las cosas que quiere alcanzar.

En los momentos difíciles la fe es muy importante. En estos últimos años han aumentado las dificultades en el aspecto económico a nivel mundial. La fe es un elemento

indispensable para poder seguir adelante ante las grandes adversidades.

La fe provee la dinámica de poder confiar en que Dios nos dirige. Y si Dios nos dirige no tenemos ninguna razón por la cual no podamos superar los obstáculos.

La fe provee la dinámica de poder confiar en que Dios nos dirige. Y si Dios nos dirige no tenemos ninguna razón por la cual no podamos superar los obstáculos.

La fe es otra forma de ver las cosas. Cuando un líder tiene una fe sincera en su organización y en su gente, ellos tendrán fe, confianza y seguridad en ese líder, porque eso se transmite. Usted puede contagiar la fe. Es como el catarro. Si usted llega a una oficina donde todo el mundo tiene catarro, no dude de que se va a contagiar. Si está todo el mundo negativo y dudoso, no dude que usted pasará un día lleno de dudas e inseguridad, porque eso se respira.

Además de la fe, el líder debe estar lleno de entusiasmo. Lo podemos definir como la chispa divina que impulsa a realizar las cosas. Por lo general, los grandes líderes —presidentes de repúblicas, gobernantes, hombres de negocios— son grandes entusiastas. Es otro elemento indispensable, que no se puede comprar ni pedir prestado; hay que desarrollarlo.

El entusiasmo es una combinación de varios elementos. Cuando el ser humano empieza a desarrollarlo se transmite, se contagia.

No sé si usted se ha fijado cómo es la composición de un grupo de personas. No importa la cantidad: puede ser diez, cien, mil, diez mil, cien mil. En el grupo sobresalen las personas entusiastas. A esas personas entusiastas siempre las vemos con una sonrisa en los labios. Esa sonrisa es uno de los elementos más importantes del líder, porque es la forma de comunicar los sentimientos a las personas que le rodean. La podemos definir como la contraseña.

Con una sonrisa se puede saludar a una persona sin siquiera acercarse a ella. Esa sonrisa es una característica de los líderes exitosos. Una sonrisa es parte del entusiasmo que un líder siente por su proyecto, su trabajo y su vida. Tiene relación con el deseo y el interés genuino que tiene el líder por alcanzar su objetivo.

El deseo es un elemento que nace del corazón. No podemos hablar de un deseo que es pasajero; hoy lo deseamos y mañana no lo deseamos. En este caso nos referimos a un compromiso, una visión, donde el ejecutivo está comprometido cien por ciento a buscar todas las opciones posibles para dar solución a los problemas que le impiden lograr sus objetivos.

El deseo es la firmeza, es la seguridad de que hay que seguir buscando opciones. He leído cientos de libros. Recuerdo haber leído acerca de Henry Ford que estaba desarrollando el motor de ocho cilindros. Para los ingenieros era algo imposible desarrollar ese motor y llevaban mucho tiempo tratando de hacerlo. El señor Ford tenía el deseo, el compromiso y la seguridad de que se podía realizar, y dijo: «Continúen, sigan adelante. Continúen y no se detengan. ¡Sigan adelante!» Y llegó el momento en que se desarrolló el motor de ocho cilindros.

Hay personas que han desarrollado proyectos extraordinarios que demuestran el gran deseo y entusiasmo que tienen de lograr sus objetivos. Lo he visto en empresas, organizaciones religiosas y asociaciones. He visto países sin recursos económicos que buscan fórmulas, estrategias e incentivos para el desarrollo de su patria.

Se vio eso cuando el hombre fue a la luna. ¿Quién se iba a imaginar que el hombre podría llegar a la luna? ¡Pero en 1968 sucedió!

Se requirió mucha imaginación y creatividad, y mucho deseo para llevar a cabo ese gran proyecto. El deseo es la base para cualquier gran proyecto. Pero no es suficiente solo el deseo y el interés que una persona tenga por alcanzar su sueño. También necesita conocimientos. Sin

conocimientos sobre cómo lograr cierto objetivo, no se puede hacer.

Los consultores y asesores son elementos básicos para poder realizar grandes objetivos. Si usted no tiene conocimientos, siempre hay alguien que los tiene. Pero hay que ver quién es esa persona. Un líder no puede saber todo; pero debe tener la capacidad de escuchar y buscar ayuda. Es necesario que consiga los mejores asesores del mercado para que pueda desarrollar su proyecto.

Yo pude crecer porque recluté expertos que me sirvieran de asesores. Me dijeron: «La comunidad hispana de los Estados Unidos es de veintisiete millones de personas hoy; pero para el año 2000 será de unos treinta y cinco millones. Para el año 2010 será de aproximadamente cuarenta y dos millones, y para el año 2050 pasará de los cien millones. Tenemos que ayudar a ese mercado hispano para que se pueda desarrollar. Tenemos que buscar expertos hispanos y otros para que nos asesoren sobre la manera de capacitar a nuestra gente.»

El conocimiento es un elemento básico, porque si usted desea hacer algo pero no sabe cómo hacerlo, será difícil realizarlo. Pero no es suficiente el conocimiento, el deseo y el interés de realizar algo; también se necesita la acción.

La acción es la habilidad de hacer las cosas necesarias para alcanzar un objetivo. Para eso se requiere tomar una decisión. Se requiere que la persona esté comprometida y tenga convicción. Con la seguridad y el entendimiento claro de lo que desea realizar, sus planes se harán realidad.

Un plan de acción para alcanzar los objetivos es algo indispensable; es como el mapa. Lo llamo «el pasaporte del éxito». Es el pasaporte que permite al líder realizar sus objetivos. Esos objetivos alimentan sus deseos y sus conocimientos; lo mantienen en pie de lucha.

Otro elemento importante es la determinación. El entusiasmo alimenta la determinación, que es la firmeza de seguir luchando hasta alcanzar los objetivos. Cuando la persona tiene la determinación firme de buscar soluciones

a los problemas que le están impidiendo lograr sus
objetivos, automáticamente alimenta su visión para
buscar nuevos conocimientos y nuevas opciones; alimenta
el deseo y el interés que tiene.

La determinación, junto con la
convicción, darán al líder el empuje
que necesita para seguir luchando y
trabajando. Pero la determinación
también comunica entusiasmo.

Tenemos que ser
especialistas en
transmitir el
entusiasmo.

Tenemos que ser especialistas en
transmitir el entusiasmo. No es muy fácil porque estamos
rodeados de tensiones, altas demandas y grandes
problemas. Si enfocamos nuestra atención a los problemas
y no a las soluciones será difícil ser personas entusiastas.
Pero cuando uno desarrolla el hábito de ser una persona
entusiasta, tiene la capacidad de dejar de lado los
problemas y seguir adelante enfocándose en la solución.

El comportamiento de una persona entusiasta es muy
distinto al comportamiento de una persona de corte
tradicional. Una persona entusiasta camina con firmeza,
confiada y decidida. Está comprometida con conseguir los
resultados que quiere alcanzar.

Otro aspecto importante es la manera de hablar. La
forma en que usted habla es realmente importante, porque
lo que usted dice es lo que recibe. Cuando usted habla de
una manera positiva y comprometida, seguro de los
resultados que desea alcanzar, usted comunica su visión.

La forma en que usted mira a los ojos de otro le
comunica la seguridad y la confianza que tiene en sus
ideas. Las personas que sonríen llenas de amor y
seguridad, son las que necesita nuestro pueblo. Ese tipo de
personas, ese tipo de líderes, son los que necesitamos para
poder cambiar las actitudes y los hábitos negativos que
están impidiendo la realización de las grandes metas que
tenemos el derecho a conquistar.

Cuando estamos comprometidos con una causa, ese
compromiso comunica confianza y seguridad, y empieza a

Tenemos que ser líderes llenos de entusiasmo, llenos de fe; tenemos que ser líderes con la capacidad de conseguir el apoyo voluntario de nuestra gente.

producir grandes cosas. Lo primero que produce es que la gente se acerca a uno; empieza a ponerse a disposición y a ayudar porque ha sido contagiada de entusiasmo. Las personas empiezan a traer ideas, soluciones y recursos. Muchas veces se trata de recursos económicos.

Tenemos que ser líderes llenos de entusiasmo, llenos de fe; tenemos que ser líderes con la capacidad de conseguir el apoyo voluntario de nuestra gente. Es necesario que sepamos provocar cambios de actitudes en la gente, encender los corazones y ayudar a otros a alcanzar sus objetivos personales.

Una persona entusiasmada realiza los objetivos de la organización con la cual está comprometida. Si podemos combinar el entusiasmo con la fe, podemos convertir a las personas en nuestros mejores aliados para desarrollar el potencial que Dios nos ha dado.

Cada persona, desde el niño de seis años, el ama de casa, el conductor de autobús, el farmacéutico, el líder político, hasta el hombre de negocios, tiene la responsabilidad de desarrollar su liderazgo. Por lo general se nos ha enseñado a seguir a otros, a imitar. Nuestro sistema educativo, a pesar de que ha ayudado a mucha gente, todavía tiene mucho más que aportar. Uno de los aportes es que debe enseñarles a nuestros hijos —a los futuros líderes— que sean personas que puedan asumir la responsabilidad de dirigir nuestro país, nuestras instituciones y organizaciones.

Leí en una revista que hace unos años que el Japón se declaró como el país del siglo veintiuno, sencillamente porque allí están desarrollando los líderes del siglo veintiuno. Invierten cerca de veintiséis millones de dólares anuales en un instituto de liderato para desarrollar hom-

bres brillantes que aprendan a dirigir el país en el próximo siglo.

Esto nos debe motivar y entusiasmar. No olvide que somos los arquitectos y los diseñadores del futuro de nuestra vida. ¿Cómo funciona el liderato en su casa? ¿Cómo funciona en su trabajo y en su iglesia? ¿Cómo funciona en la organización donde usted participa social y cívicamente? ¿Cómo funciona en su equipo de deportes? Siempre se puede mejorar, y el hacerlo produce satisfacción.

9

CONTROLE SUS SENTIMIENTOS

Durante los últimos años he hablado con miles de personas y he hallado que un problema serio de muchos es el control de sus sentimientos. Saben controlar un automóvil y operar una computadora, pero no saben controlar sus sentimientos.

Hay personas que desarrollan actitudes y pensamientos que les ayudan a no perder el control emocional. Eso es muy interesante porque muestra que el ser humano tiene la capacidad de controlar sus sentimientos.

Hay dos pasos principales que podemos dar para controlar los sentimientos:

1. Tenemos que identificar y apreciar lo que sentimos cuando estamos pasando por cierto estado emocional. A veces nos deprimimos, nos frustramos, nos atemorizamos y nos enfadamos. Tenemos que aprender a identificar las situaciones que nos producen esos sentimientos. Los sentimientos nos apoyan porque nos dan el refuerzo para identificar opciones y superar obstáculos. Es importante desarrollar una curiosidad por el mensaje que nos ofrecen ciertos sentimientos.

2. Tenemos que aprender a manejar los sentimientos. Es importante que uno tenga confianza en sí mismo.

Debe saber controlarse cuando se sienta frustrado, temeroso, lleno de dudas, herido, incómodo, sobrecargado, insuficiente. Cuando sufra una desilusión, esa desilusión puede motivarlo a tomar acción.

Hay señales emocionales que requieren acción. Cuando usted se siente incómodo, cuando está temeroso, herido, enfadado o frustrado, cuando se siente desilusionado o insuficiente, cuando está sobrecargado o solitario, necesita saber controlar los sentimientos.

Por cada minuto que usted pasa abatido, aburrido, desilusionado o frustrado, necesita once minutos para volver a la normalidad.

Por ejemplo, cuando usted se siente incómodo, eso le crea molestia y angustia, y tiene la sensación de que las cosas no están bien. Puede haber un mensaje interior de inquietud, de tensión, de no conseguir los resultados que desea. Cuando eso sucede es importante que usted lo reconozca inmediatamente, considerar las cosas positivas que pueden surgir de esa situación y cambiar su estado de ánimo planificando lo que desea y definiendo la acción que tiene que tomar para lograr lo que desea.

Eso es muy sencillo. Cuando usted tiene un pensamiento o está frente a una situación que lo incomoda y le crea molestia, con sonar los dedos puede mandarle un refuerzo a su sistema nervioso para cambiar esa situación. Por cada minuto que usted pasa abatido, aburrido, desilusionado o frustrado, necesita once minutos para volver a la normalidad.

Cada vez que usted encuentre un mensaje de incomodidad en su sistema, diga: «A ver, ¿qué otra cosa puedo hacer en este momento? ¿Qué puedo mejorar o qué puedo aprender de esta situación?» Como hemos mencionado anteriormente, las personas exitosas no invierten más del diez por ciento de su tiempo en los problemas pero el noventa por ciento en buscar la solución.

Otros sentimientos muy comunes son el miedo, la preocupación y la ansiedad. Muchas veces anticipamos que algo sucederá y nos preparamos para evitar el golpe. Estamos constantemente en defensa, luchando contra el miedo. El miedo se tiene que vencer con la fe, porque cuando hay miedo no hay fe. La fe es el antídoto del miedo. Constantemente tenemos que luchar con situaciones negativas y necesitamos afrontar esas situaciones con la fe y la convicción de las cosas que aún no se ven.

Es importante que usted se dé refuerzo, que diga: «Tengo miedo porque tengo que dar esta presentación» o «Tengo miedo porque estoy frente a esta situación y no sé cómo reaccionarán las personas.» Reconozca lo que le causa temor y preocupación y así podrá comenzar a hallar una solución.

La preocupación es como filmar una película en la mente. Nos atemorizamos ante cierta situación y perdemos el control. Tenemos que sustituir el temor y fortalecernos filmando una película de solución al problema y no de derrota.

Otras veces nos sentimos heridos. Es la sensación de daño generado por una pérdida. Surge cuando esperamos que alguien cumpla su palabra y no lo hace. Perdemos la confianza en la persona que nos ha herido. ¿Sabe qué? Si alguien lo hiere, usted necesita hablar con esa persona. Muchas veces se trata únicamente de malentendidos.

Una persona puede olvidarse algo que prometió. A veces alguien toma prestado dinero y se olvida devolverlo. Hay muchas circunstancias que pueden herirle; pero es importante que evite sentirse herido. Cuando se siente herido, le produce un sabor amargo y aflicción. Eso produce mucha pérdida de energía y lo debilita.

Otro sentimiento común es la ira o el enojo. Fácilmente nos resentimos y enfurecemos si alguien viola una regla que para nosotros es importante. Estamos constantemente en una lucha, bregando con esos sentimientos, y tenemos que aprender a vencerlos.

Otro sentimiento es la frustración. Ese sentimiento se produce cuando hacemos esfuerzos sin obtener los resulta-

dos que esperamos. Hay muchas personas cansadas de fracasar. Han luchado muchas veces, lo han intentado por
todos los medios y resulta que no pueden decir que han tenido éxito.

Cuando usted se sienta frustrado, recuerde que las personas exitosas en la vida, no lo lograron la primera vez que
lo intentaron. Tomás Edison no logró éxito inmediatamente. Einstein y otros grandes científicos no lograron sus
metas el primer día. Tenga la flexibilidad de reconocer que
si de una forma no logra hacer lo que se ha propuesto, tiene
que haber otra forma de hacerlo.

Trate de hallar un modelo a quien imitar, alguien que
ya realizó lo que usted quiere realizar, que sabe cómo conseguirlo y le puede ayudar y dar orientación sobre la acción
necesaria para realizar sus sueños. La frustración está ligada a la desilusión. Sentirse desilusionado, triste y derro-
tado por esperar más de lo que se consigue es una
sensación normal. Veo a personas desilusionadas porque
esperaban un aumento de sueldo o un regalo, o porque esperaban que no lloviera y llovió. Pero hay que sobreponerse
a esos sentimientos.

Cuando no se cumplen las expectativas, sencillamente
lo que se requiere es revisarlas y ajustarlas a la realidad.
Muchas veces cuando viajo, el avión se tarda. Es frustrante
porque a cierta hora tengo que estar en otra ciudad para un
seminario o para dictar una conferencia. En esos casos,
tengo dos opciones: puedo ponerme de mal humor o puedo
reconocer que es algo que no puedo controlar y, como no lo
puedo controlar debo esperar que el avión llegue. Siempre
hay que imaginar lo que uno puede aprender de esas situaciones y desarrollar paciencia.

También la insuficiencia es un sentimiento muy común
en nosotros. Tenemos la sensación de no poder hacer algo
que debiéramos ser capaces de hacer. Cuando surja ese
sentimiento, le recomiendo que busque más información,
evalúe sus estrategias, vea las herramientas que tiene a su
disposición y defina la confianza que tiene en su proyecto o

en su trabajo. Recuerde que no somos perfectos y que la vida tampoco es perfecta. Siempre busque un modelo que imitar y trate de hallar una mejor forma de realizar lo que está tratando de hacer.

Uno puede sentirse sobrecargado o abrumado. Le parece que no puede cambiar la situación, que el problema es demasiado grande, que está tratando de lograr demasiadas cosas a la vez. Pero nadie puede cambiar todo de la noche a la mañana.

Cuando se sienta sobrecargado le recomiendo que establezca prioridades. Haga una lista de lo importante y lo urgente, y determine un plan de acción. Se dará cuenta de que a pesar de todo usted mantiene el control de las cosas y empezará a visualizar y a establecer lo que debe hacer primero.

Cuando me siento sobrecargado, por lo general digo a mí mismo que eso significa que tengo muchas oportunidades. Al ver mi escritorio lleno de opciones y de problemas, seminarios, conferencias y trabajo, me miro y me digo: «La verdad es que soy bendecido. ¡Cuántas oportunidades tengo!» Cuando tengo muchas cosas que resolver, tengo que darles un enfoque positivo para no sobrecargarme.

Otro sentimiento que nos afecta es la soledad. Nos sentimos solos a pesar de que estamos rodeados de personas. Tengo un amigo que suele decir que la enfermedad del siglo veinte es la soledad. Cuando uno se sienta solo, tiene que identificar con quién puede compartir momentos de compañerismo, porque es necesario relacionarse con otros. Debe darse cuenta de que puede salir, puede escuchar a otros, conversar y sonreír.

Presento este resumen de sentimientos con la intención de que vea que uno está constantemente bombardeado por sentimientos que, a veces, son negativos. Uno tiene la capacidad de crear distintos estados emocionales y puede controlar sus sentimientos.

He aprendido una técnica muy interesante para cambiar mi estado emocional. Se trata de usar preguntas.

Cuando uno se hace preguntas, las preguntas lo ayudan a cambiar el enfoque. En vez de enfocar la atención hacia lo negativo, se enfoca lo positivo.

Si queremos cambiar, tenemos que tener un concepto más elevado de nosotros mismos. Tenemos que cambiar nuestras creencias sobre lo que es posible y desarrollar estrategias para alcanzar lo que deseamos.

¿Cómo funcionan las preguntas? Las preguntas contribuyen a cambiar el enfoque de nuestra atención y, en consecuencia, lo que sentimos. Por ejemplo, cuando me levanto por la mañana, me pregunto: «¿Por qué me siento feliz hoy? ¿Qué me hace feliz hoy?» Luego digo: «Bueno, me hace feliz el hecho de que estoy respirando, me estoy moviendo, tengo una familia preciosa, tengo este proyecto, en la tarde tengo una conferencia. Estoy contento porque voy a conocer muchas personas interesantes y voy a sembrar una semilla en cientos de personas para ayudarles a cambiar su vida.»

«¿Qué cosas me producen felicidad? ¿Qué hay de positivo en los problemas que estoy enfrentando?» En vez de pensar en lo grande que es el problema, vea qué hay de grande en esa situación. Al hacer las preguntas, el objetivo es identificar lo que nos hace sentir feliz cambiando nuestro enfoque y el estado de ánimo. Quiere decir que cuando uno se hace una pregunta, está diciendo a su computadora —o sea, a su mente— que le diga lo que lo hace feliz hoy. Automáticamente su computadora recibe esa orden que le solicita cosas buenas que enriquezcan su vida y empieza a dispararle lo que le hace sentir feliz. Las preguntas cambian el estado anímico.

En cierto sentido, las personas deprimidas y las personas felices son muy parecidas. La persona deprimida suprime las cosas que le hacen feliz mientras que la persona feliz le da paso a las cosas que le hacen feliz y suprime las negativas.

Nuestra mente está programada para enfocar la atención hacia un número reducido de cosas al mismo tiempo y pasa gran parte del tiempo tratando de dar prioridad a lo

que debe ocupar su atención, suprimiendo las cosas que no deben ocupar su atención. Si se siente solo y triste es porque está suprimiendo las razones por las cuales podría sentirse contento y feliz. Encontramos las cosas que buscamos y en las cuales nos concentramos. Es importante que empiece a mirarse de otra manera, que empiece a cambiar los recursos que le rodean. Las preguntas que nos hacemos desarrollan una percepción de quiénes somos, lo que somos capaces de hacer y dispuestos a hacer para realizar nuestros sueños. Por ejemplo, cuando tengo un problema, me pregunto qué hay de grande en ese problema.

Por lo general, uno dice que cierto problema es muy grande; pero al preguntarse qué hay de grande en ese problema, empieza a verlo pequeño.

* ¿Qué falta perfeccionar?
* ¿Cómo puedo aprender de esta situación?
* ¿Qué estoy dispuesto a cambiar para lograr que las cosas sean como yo quiero?
* ¿Qué estoy dispuesto a hacer para lograr un cambio?
* ¿Cómo puedo disfrutar del proceso mientras hago lo necesario para lograr que las cosas sean como yo quiero?
* ¿Cuál debe ser el próximo paso?

Al hacerse este tipo de preguntas, usted cambiará su estado emocional y se concentrará en la solución. Y cuando enfoca la mirada en las soluciones, de inmediato se convierte en una persona de acción y le aseguro que verá resultados.

Le invito a hacer esta dinámica. Cuando usted se levante, pregúntese:

* ¿Qué me hace feliz?
* ¿Cómo me hace sentir esta situación?
* ¿Qué cosas me estimulan?
* ¿Cómo me estimula esta situación?
* ¿De qué me siento orgulloso en mi vida?
* ¿Qué estoy disfrutando en esta etapa de mi vida?

- ¿Con qué estoy comprometido?
- ¿A quién amo y quién me ama?
- ¿Qué es lo que me hace amar?
- ¿Cómo me siento cuando amo?

Cuando usted se hace estas preguntas, de inmediato su espíritu, su mente y su cuerpo se enfocan en las cosas buenas que usted tiene.

Otra dinámica se aplica al preguntarse antes de acostarse sobre lo que aprendió ese día.

- ¿Cómo pude enriquecer mi vida hoy?
- ¿A quién pude ayudar?
- ¿Qué no es perfecto todavía?
- ¿Qué me hizo feliz hoy?

Las preguntas le permitirán programarse de nuevo, a la vez que enfocarán su atención en las cosas positivas. Cuando los que le rodean estén hablando de los problemas, usted estará hablando de las cosas buenas que tiene. ¿Por qué? Porque cuando enfoca su atención en las cosas buenas su sistema nervioso también empieza a enfocarse en las cosas buenas. Y ¿qué sucede? Automáticamente verá soluciones y se convertirá en una persona diferente. Ya no tendrá las mandíbulas caídas, ni bajará la mirada, y su sonrisa no será artificial. Será una persona con rostro sonriente y mirada fija. Podrá estar alegre porque tiene el control del futuro de su vida. Caminará con firmeza y cuando hable, comunicará la confianza que tiene porque sabe que «no hay problema sin solución».

Somos los arquitectos y los diseñadores del futuro de nuestra vida. Nuestro futuro será el resultado de las decisiones que tomemos hoy. Y el hoy es el resultado de las decisiones que tomamos en el pasado.

Siga todos los días el procedimiento de las preguntas. Esa dinámica la he compartido con cientos de personas y me han confesado que ha cambiado su vida. Miles de personas han empezado a programar su sistema nervioso de

nuevo y cambiaron su estilo de vida. Gracias a Dios, he podido ayudar a muchísima gente a conquistar su futuro.

La cristalización de nuestra visión es vital para que podamos cambiar nuestros sentimientos. Lo que uno vea, lo que visualice para su futuro, es la herramienta más poderosa que tiene a su disposición para cambiar su visión. El poder de las decisiones es el poder de cambiar lo invisible en visible. Dios nos dio esa herramienta y esa capacidad. Las decisiones que usted tome van a controlar su destino. ¿En qué está enfocando su atención?

Es imperativo que usted tome una verdadera decisión de cambiar su vida. Tomar una verdadera decisión significa comprometerse a alcanzar resultados y luego descartar cualquier cosa que a uno le impida llegar a la meta.

Hemos decidido tener éxito, ¿no es así? Y la fórmula para el éxito es llevar una vida que nos haga sentir contentos, nos cause placer, alegría y gozo por lo que estamos realizando. Si decide lo que desea lograr, emprenda el tren de la acción. Observe lo que funciona y lo que no funciona y vaya cambiando sus actitudes y sus pensamientos hasta conseguir lo que quiere, porque la verdad es que ¡usted está destinado a triunfar!

La mayoría de las personas no ha sido enseñada a tomar decisiones. Funcionan como con un piloto automático. Se levantan por la mañana, se lavan, se visten, toman su desayuno y se van al trabajo, todo automáticamente. ¿Cómo cambiar este patrón? ¿Cómo tomar buenas decisiones?

Primero hay que reconocer que las decisiones están basadas en las creencias. Sus creencias —lo que ha visto en el pasado, su historia, sus hábitos— es como un casete de video grabado en su subconsciente. Y eso influye en sus decisiones.

También es importante reconocer que sus decisiones están basadas en lo que usted considera importante en la vida. Sirve como su marco de referencias. Si en una ocasión tuvo una situación y la resolvió de cierta manera, ya es una referencia. En otra ocasión no tiene que volver a sufrir las

mismas consecuencias o enfrentarse a las mismas circunstancias.

Las decisiones cambian según las preguntas que uno se
plantea. Y los estados emocionales pueden cambiar si uno
toma la decisión de no seguir en cierto estado de ánimo. «Ya
no me voy a seguir molestando... ya no tengo que sentir temor...» Hay que reconocer que uno tiene el potencial de
controlar los sentimientos. El día que decida que ya no será
esclavo de los sentimientos negativos será un día de triunfo.

En cierta oportunidad, cuando daba una conferencia en
un hotel, dos cucarachas se plantaron en la cabeza de uno
de los participantes. Eso fue como una revolución. Muchas
personas se echaron a reír, otras se quedaron sentadas sin
decir nada; pero la mayoría empezó a gritar. ¿Qué sucedió?
Entraron en juego diferentes sentimientos.

Hubo tres reacciones distintas: a unos les dio lo mismo,
a algunos les hizo gracia y a otros les dio miedo y hubo una
histeria masiva. Había como doscientas personas en el sa-
lón, así que ya puede imaginarse el desorden que se vivió.

«No te desesperes; no pierdas la calma» es un mensaje
acertado. Cuando usted no puede alcanzar lo que se ha propuesto, considere los obstáculos e identifique y busque opciones para ver la manera de superar las circunstancias.
No pierda la fe. No permita que su voluntad sea socavada
por fuerzas adversas, por comentarios negativos, por personas falsas. Usted multiplicará sus fuerzas si le da oportunidad a Dios para que trabaje en su vida.

Desesperarse es perder el control de la imaginación, la
creatividad y el entusiasmo. Si nos desesperamos, se nubla
la visión y la capacidad de buscar opciones para conseguir
soluciones. Por cada minuto que uno pase desesperado, desilusionado y abatido, necesitará once minutos positivos
para volver a la normalidad.

Cuando usted se enfada o se disgusta, le está delegando
el control de sus sentimientos a la otra persona y pasa a ser
víctima de ella. Recuerde que reaccionar no es lo mismo
que accionar. Mantenga la calma y siéntase seguro que

cuanto más grande sea el problema que tenga que enfrentar, mayor oportunidad tendrá para utilizar el potencial que Dios le ha dado.

Cuanto más grande sea el problema que tenga que enfrentar, mayor oportunidad tendrá para utilizar el potencial que Dios le ha dado.

Empiece a evaluar el estado de sus sentimientos. ¿Cómo está reaccionando a la vida? Identifique sus opciones haciéndose preguntas, reconociendo que todavía no es perfecto, que puede aprender de las situaciones que se presentan. Empiece a enfocar su atención en las cosas buenas que hay dentro de usted.

Recuerde que nacimos para triunfar, que tenemos todos los requisitos para ser personas exitosas. Todo depende de la disposición de cada uno. Las decisiones que usted toma hoy moldearán su futuro. De la misma manera que las decisiones que tomó en el pasado han moldeado el presente.

Mi meta, mi visión y mi sueño es contribuir a que cambie la gente; pero yo no puedo decidir por usted. ¿Controlará sus sentimientos para el bien de sí mismo y de los demás? Espero que así sea.

CÁPSULAS DE MOTIVACIÓN

Sus actitudes reflejan sus pensamientos, hábitos y aun su propia imagen. La manera como usted se vea y se sienta con respecto a sí mismo y la fe que tenga en el potencial que Dios le ha dado tendrá una relación directa con su éxito o fracaso.

Usted puede triunfar; se lo aseguro. Su mayor potencial es su capacidad de pensar, crear, visualizar e imaginar posibilidades y opciones para superar los obstáculos que se interponen en su camino para alcanzar sus metas.

El alcance de su vida espiritual es extraordinaria. Dios le ha dado al ser humano la capacidad de vivir en plenitud; siendo hijo del Rey tiene el derecho a vivir como príncipe. La fe que tenga en Dios, en sí mismo y en los que le rodean será el impulso para que lleve una vida plena.

Su fortaleza física es una de sus mayores riquezas. Como ya lo he mencionado, usted es una persona especial; única entre los casi seis mil millones de habitantes del planeta. Los resultados que ha conseguido hasta hoy se deben a las decisiones que tomó en los últimos años y las decisiones que tome hoy afectarán los resultados que tenga en los próximos años.

Le aseguro que puede triunfar. Haga una evaluación personal y defina cuáles son los aspectos de su vida que de-

ben mejorar. Una vez identificados, determine los pasos que debe seguir para superar esas deficiencias. Debe desarrollar un compromiso profundo que le permita invertir la energía, imaginación y determinación requeridas para triunfar. Eso le ayudará a desarrollar una actitud de lucha que lo convertirá en vencedor y no en una persona vencida.

Su potencial no explotado, sus deseos, necesidades y ambiciones son semillas sin germinar. Sencillamente son talentos no desarrollados. Lo que visualice claramente, todo lo que sinceramente desee, está a su alcance. Se dice que «todo lo que vívidamente imagines, ardientemente desees, sinceramente creas, entusiastamente entiendas, inevitablemente sucederá».

Es verdad que los deseos que usted tiene son como una semilla sin germinar. Y los talentos que tiene no se desarrollan de por sí. Su desarrollo requiere acción, dedicación y planificación. Todo lo que usted imagine, visualice y desee ardientemente obtener podrá ser suyo si hace los planes para obtenerlo.

Tenemos que reconocer nuestras capacidades y nuestro potencial. Debemos valorizar nuestra capacidad de pensar, razonar, recordar, visualizar e imaginar. Decidir y creer es responsabilidad única de cada persona. Para lograr diez veces más de lo que estamos logrando simplemente necesitamos reconocer el potencial que tenemos en reserva.

Las actitudes negativas en su personalidad suelen ser el mayor obstáculo. No le permiten darse cuenta de que tiene suficientes habilidades y el potencial necesario para llevar una vida llena de éxito y satisfacción. Usted es el moldeador. Es el creador de su futuro. Su potencial es ilimitado excepto cuando usted le fija límites.

Una de las oportunidades que tiene cada persona es la posibilidad de comenzar de nuevo. Cada día es la señal que Dios nos da para comenzar de nuevo. El pasado está muerto. No podemos hacer nada para repararlo. Pero el presente y el futuro son nuestros. Están a nuestra disposición para contribuir a una nueva vida.

No espere realizar grandes cosas sin visualizar antes sus metas y trabajar arduamente para alcanzarlas. Todo en la vida está en un constante proceso de cambio. Muchas veces somos reacios al cambio debido al miedo a lo desconocido. Somos más reacios aún cuando se trata de cambios internos. En vez de resistir lo inevitable, debemos reconocer que el progreso, el crecimiento y el cambio son una ley de la vida y que tenemos que estar preparados para el cambio mediante la planificación.

Decídase hoy a que los cambios que ocurran adentro estén de acuerdo con las metas que haya establecido. Cada día que pasa usted tiene más oportunidades de las que ha tenido jamás, simplemente porque es el beneficiario del pasado. Tiene a su disposición todo el conocimiento acumulado de todas las edades pasadas. Tiene la misma cantidad de tiempo disponible para crear algo nuevo y para hacer planes que cualquier otra persona. ¡Usted puede cumplir sus sueños, sus metas y sus objetivos!

Dios le ha dado las herramientas para visualizar las cosas que le gustaría alcanzar. Definir con exactitud lo que usted necesita, lo que le interesa y lo que desea lograr es el primer paso que debe dar para que pueda alcanzar sus metas. La química que se genera cuando establece un deseo revoluciona su forma de pensar, revitaliza su entusiasmo, le añade energías y lo motiva a identificar el proceso para realizar sus objetivos.

No tener metas claramente definidas es llevar una vida improvisada y sin dirección. La improvisación es el primer síntoma de la falta de planificación. Muchos se quejan de los pocos resultados que están alcanzando y no saben que ellos mismos son responsables por no planificar lo que quieren. La fe en sus metas es el combustible que genera la energía que necesita para que lleno de motivación vaya moviéndose hacia la conquista de lo que le pertenece. No luche sin determinación, perseverancia y convicción porque sería como tratar de vivir sin oxígeno.

Haga un alto hoy y defina lo que quiere lograr en los próximos años y verá que los resultados serán de inspiración para usted y para los que le rodean.

Haga un alto hoy y defina lo que quiere lograr en los próximos años y verá que los resultados serán de inspiración para usted y para los que le rodean. Usted puede realizar sus sueños, sus metas y sus objetivos. La decisión es suya y, como le he ido repitiendo, el precio del éxito se paga por adelantado. Se paga trabajando.

El éxito es el logro progresivo de las metas. En el proceso para alcanzar el éxito, tenemos que cristalizar nuestra visión. Debemos definir dónde nos encontramos y hacia dónde queremos ir. Tenemos que evaluar cómo estamos en los aspectos físico, emocional, espiritual y social, así como nuestro estado económico, y luego establecer prioridades. Es sumamente importante que establezcamos lo que vamos a hacer primero, de acuerdo con nuestro sistema de valores y nuestras necesidades.

«¿En qué clase de persona te quieres convertir?» Cuando me hicieron esa pregunta hace años, me abrió la mente y el corazón, y la contesté de esta manera: «J.R. se quiere convertir en una persona tranquila, que respire paz y comunique amor. Desea ser una persona fuerte, vigorosa, entusiasta y creativa, rica en conocimiento, en dinero y en felicidad. J.R. quiere ser una persona próspera, sensible al Espíritu Santo, fuerte y poderosa en conocimiento. Sus músculos están fuertes, su dentadura está saludable, su piel, su pelo y sus uñas se rejuvenecen. J.R. es un agente de cambios; es transformador de personas. Es experto en relaciones públicas, es un excelente motivador, y un buen orador y conferenciante. Es también un padre comprensivo; tiene metas comunes con sus hijos. Es un excelente amante, esposo y compañero. Es una persona que respira felicidad y que comunica confianza y seguridad.»

Me gustaría que muchos supieran decir en qué se quieren convertir. ¿Es usted una de esas personas? Lo primero

que tiene que hacer es definir lo que desea hacer y hacia dónde va. Establezca un plan de acción con fechas específicas, porque cuando tiene una meta escrita, puede definir hacia dónde quiere ir. Ese plan escrito es el mapa que le indica la dirección y elimina las distracciones. Le sirve como punto de referencia para ahorrar tiempo y energías.

Cuando usted tiene una fecha limite, la química de su cuerpo lo hace mantenerse alerta. Piensa, actúa y reacciona con urgencia. Desarrolla un reto interno y responde a ese reto con una actitud mental positiva. Si tiene un plan de acción escrito, podrá identificar mejor los obstáculos y las barreras que se interponen en el logro de sus metas.

A veces hay barreras personales que se levantan debido a una necesidad de mayor crecimiento. Cuando usted tiene un plan escrito, invierte la energía requerida para superar los grandes obstáculos en lugar de navegar por la vida a la deriva.

Sin esfuerzo dedicado de su parte nunca podrá alcanzar el éxito. No importa cuán valiosas sean sus metas ni cuán prácticos sean sus planes, si no le pone dedicación no puede esperar sino el fracaso. Tal vez necesite volver a descubrir la frescura, la vitalidad y el entusiasmo que poseía cuando era niño. Eso lo preparará para tener una vida rica y exitosa.

Cuando experimenta las ansias sinceras y el ardiente deseo del éxito, ese sentimiento fortalece su esfuerzo para emplear todo el potencial y toda la creatividad. Tiene que producir confianza en sí mismo. Para desarrollar esa confianza, tiene que confiar en sus habilidades. Lo más importante es que confíe en que puede hacer los cambios que se requieren para poder llegar a la meta.

Todo cambio se genera a través de la alteración de las actitudes y de los hábitos de pensamiento. La confianza le permitirá ver la victoria y le ayudará a usar su destreza en vez de sucumbir ante los problemas. Con un cambio de pensamiento comenzará a buscar los modos en que las cosas se pueden hacer en vez de buscar las razones para explicar por qué no se pueden hacer. Desarrollará una determina-

ción que le dará la capacidad de invertir la energía requerida. Invertirá la experiencia y el conocimiento que están guardados adentro. De esa manera, quedará convencido de que nació para triunfar.

Uno no fracasa porque no puede superar los obstáculos sino porque se da por vencido. El mensaje crucial para el día de hoy es que tenemos que ser perseverantes. La perseverancia es el hábito de seguir adelante hasta alcanzar los objetivos. Cuanto más perseverante sea uno, más seguridad tendrá del éxito.

El secreto de la motivación es la actitud. A las personas motivadas las detecto en treinta segundos, por su manera de caminar, por su manera de hablar, su manera de saludar. Una persona motivada es constante en sus palabras y sus acciones; toma decisiones firmes. Una persona motivada tiene la imaginación suficiente para mejorar cada día. Sus palabras delatan la calidad de vida que lleva.

Una persona motivada tiene metas, tiene deseos específicos, expectativas, fe, la capacidad de visualizar y está motivada a actuar. El noventa por ciento de las personas que fracasan en la vida lo hacen porque se dan por vencidas antes de alcanzar lo que desean. Peor aún, la mayoría no sabe lo que quiere.

Si uno no sabe lo que quiere no puede estar motivado. La mayoría vive improvisadamente; pero debemos motivarnos para ser más creativos, más responsables y más eficientes en el trabajo.

La motivación se basa en un sistema de intercambio tangible e intangible. Hay líderes que utilizan el miedo para producir motivación; pero fracasan. El miedo no produce cambios de actitudes. Por miedo, una persona puede adaptarse al sistema, pero no puede utilizar su potencial porque está insegura. Una persona insegura está a la defensiva y es ineficiente.

Hay líderes que tratan de motivar mediante incentivos. Ofrecen recompensas a cambio de ciertas acciones. Pero tan pronto como el deseo se satisface, no hay incentivo que

motive a la persona y, muchas veces, lo que empezó por ser recompensa acaba siendo un derecho.

La motivación mediante cambios de actitudes es más poderosa. Cuando hay comprensión y aceptación de la naturaleza humana, hay oportunidad de crecer y desarrollar la creatividad.

La motivación es el entusiasmo contagioso que revitaliza la visión.

Usted es la suma total de sus hábitos de pensar. Uno es víctima o beneficiario de sus actitudes. Pueden ser una bendición o una maldición; pero para el cambio, el crecimiento y la realización, uno tiene que esforzarse para cambiar sus actitudes.

Acepte la responsabilidad de ser su mejor motivador. Si su vida tiene significado, si tiene metas específicas, si se siente amado, si conoce a Dios, si es movido por una chispa interna hacia la realización de sus deseos, puede convertirse en el mejor motivador del mundo.

La motivación es el entusiasmo contagioso que revitaliza la visión. La motivación es el deseo que genera una fuerza interna. Mientras otras personas nos dicen que no se puede, que no se pierda el tiempo, que otros intentaron y no lo lograron, la conciencia nos confirma que debemos continuar, que hay que seguir hasta encontrar la fórmula de superar los grandes obstáculos.

Como ya se lo he dicho, usted es una persona especial. No hay nadie igual en este planeta y le aseguro que está destinado a convertirse en su mejor motivador. Usted es el reflejo de la imagen que tiene de sí. Su forma de hablar, la confianza que tiene en sí mismo y la visión que tiene de su persona son elementos necesarios para tener éxito en la vida. Como persona ha sido condicionada de una manera especial.

Las doscientas mil o trescientas mil horas de vida que usted tiene grabadas en su subconsciente alimentan la imagen que tiene de sí mismo y reflejan su experiencia. El

Comience hoy a verse como el milagro más grande del mundo. No hay una fotocopia suya. Usted es un original.

amor que ha recibido, su capacidad de superarse, su personalidad, sus pensamientos y la suma total de todo eso, pueden ser el mayor aliciente o el peor obstáculo para que usted tenga una buena imagen de sí mismo.

Sus actitudes son el reflejo de su comprensión y aceptación internas. Cuando usted se conoce, se entiende y se comprende, refleja un equilibrio para enfrentarse a las demandas de su vida. Tiene la sabiduría para tomar la acción apropiada ante las circunstancias inesperadas y posee la seguridad de que toda situación tiene solución.

Comience hoy a verse como el milagro más grande del mundo. No hay una fotocopia suya. Usted es original en su forma de hablar, actuar y sentir. Debe estar orgulloso de que Dios le ha dado una vida para que la disfrute y la lleve dándole gracias a él que le ha dado todo el potencial para ser feliz.

Sus palabras son poderosas. El poder que usted tiene en su forma de hablar es extraordinario. Es la herramienta que puede cambiar su modo de pensar y ver las cosas, lo cual cambia sus actitudes y afecta su conducta. Si usted se levanta y dice: «Me siento feliz hoy porque estoy respirando dos mil cuatrocientos galones de oxígeno. ¡Este va a ser un día extraordinario!», eso es una afirmación positiva que definirá la actitud suya durante el día. La afirmación es el acto de expresar sus creencias; es la declaración de lo que usted cree.

Su mente es una computadora. Controla sus acciones, sus sentimientos y sus actitudes de acuerdo con el material que usted le dé para trabajar. Existe una acción física de sustitución de ideas negativas por ideas positivas. Cuando usted hace una afirmación positiva, sencillamente está creando una imagen. Y con esa imagen mental se va forta-

leciendo. Es como el atleta que está corriendo, o como el músico que está ensayando y tocando el piano todos los días, o como el estudiante que está revisando sus lecciones. Cuando usted se dice que es una excelente persona, se está preparando para llevar a cabo un trabajo extraordinario. Cada nuevo día ofrece una nueva oportunidad; hay muchas cosas para ganar y muy pocas para perder. Si usted afirma y dice que todo es posible para el que cree, automáticamente esa afirmación le produce confianza, seguridad y determinación.

Le sugiero que revise su vocabulario. Utilice palabras transformadoras. No diga que está tenso sino diga que tiene muchas oportunidades, que rebosa de energía. No diga que se siente enfermo sino diga que su organismo está en proceso de limpieza. No diga que se siente aburrido sino diga que le falta acción.

Mediante su forma de hablar, comunica a su mente un mensaje directo y esa computadora empieza a reaccionar. Hágase el servicio de limpiar su vocabulario. Desarrolle afirmaciones que trasmitan a su sistema lo que es usted, lo que quiere y hacia dónde quiere dirigirse. Le garantizo que podrá realizar cosas extraordinarias si sigue este método.

Nunca olvide que su forma de hablar tiene una relación directa con el éxito o el fracaso en su vida. Considérese como un ser especial. Empiece a hablar como debe hablar, como una persona victoriosa, una persona confiada de que ha nacido para triunfar.

DESARROLLE UNA PERSONALIDAD MAGNÉTICA

Durante mis conferencias, me preguntan lo que he hecho para desarrollar las aptitudes de una persona victoriosa. La respuesta es muy sencilla: hay que tener una buena imagen de sí mismo. Uno tiene que desarrollar una imagen positiva y adiestrar al sistema nervioso para que tenga confianza, seguridad y determinación. ¡Tiene que estar convencido de que nació para triunfar!

Al fin de cada conferencia, la gente que sale no es la misma que entró a la mañana. En apariencia es la misma; pero ya las personas han decidido producir un cambio profundo en su vida. Son personas diferentes en sus actitudes y en su forma de verse a sí mismas.

Rescatar el control de la imagen que tiene de sí mismo es vital para que pueda tener éxito, para que pueda ser feliz y disfrutar de la vida. Como arquitecto y diseñador del futuro de su vida, usted tiene la responsabilidad de pavimentar el camino de la confianza en su propia persona. ¿Cómo se hace eso? Hay herramientas y estrategias para lograrlo. Quiero abordar ese tema en este capítulo.

Adiestramos a nuestro sistema nervioso visualizando lo que vamos a hacer e identificando hacia dónde queremos

ir. Sabemos lo que nos entusiasma, nos mueve y nos revitaliza. Cuando usted tiene claramente definido lo que quiere hacer en la vida y hacia dónde se dirige, automáticamente produce una visión, una confianza y una seguridad que son contagiosas.

Pero eso no es todo lo necesario para poder tener una personalidad magnética. También hay que desarrollar buenas relaciones con las personas que nos rodean. Hay que ver las cosas desde el punto de vista de los demás y llevarse bien con ellos.

Usted puede ser una persona económicamente exitosa como también en el aspecto familiar; pero si no tiene la capacidad de llevarse bien con los demás y vivir en armonía, no podrá disfrutar de su éxito.

Los líderes deben identificar estrategias específicas para mejorar las relaciones con los que les rodean. Deben establecer estrategias para poder realizar mejor su trabajo y desarrollarse en la comunidad. Mantener la armonía no es fácil, porque la gente no está enseñada a vivir en armonía. Ya hemos visto que, por lo general, hemos sido enseñados negativamente. Parece que siempre andamos buscando las cinco patas al gato.

Si una persona tiene éxito, eso le puede molestar al vecino, al amigo o al compañero de trabajo. ¿Sabe qué? Debemos empezar a gozarnos del éxito de los demás. Tenemos que empezar a conocer las necesidades de las personas y ayudarles a satisfacer esas necesidades. En ese aspecto la comunicación es muy importante.

Usted desarrolla una capacidad magnética si sabe comunicarse con los demás y si sabe escuchar. Y no se trata solo de comunicación verbal. La comunicación no verbal juega un papel importantísimo ya que solo siete por ciento de la comunicación es verbal. Treinta y ocho por ciento se hace mediante el tono de voz, y la parte emocional de la comunicación es del cincuenta y cinco por ciento.

Cuando se encuentra con alguien que no ha visto en mucho tiempo, se alegra de verlo, y tal vez diga: «¡Eh!,

¡cuánto tiempo hace que no te veía! Son veinticinco años desde que estábamos en la escuela, ¿verdad? ¡Qué gusto me da verte otra vez!» Ese saludo expresa un sentimiento de satisfacción y de alegría. Su sonrisa, sus emociones y el tono de su voz trasmiten una comunicación no verbal. La sangre corre más rápido por sus venas y se ruboriza. Esas expresiones comunican más que las palabras.

También nos comunicamos mediante las expresiones del cuerpo. Un beso o un abrazo pueden comunicar muchísimo más que un gran discurso. Los factores artificiales, como la ropa, las joyas, el perfume o los espejuelos también son medios de comunicación.

Además hay una comunicación interna. Se trata de todas las horas de vida que tenemos grabadas en el subconsciente. Nuestras referencias, historia y creencias . . . todos esos son recursos que usamos en la comunicación.

Digamos que usted tiene solo treinta segundos para causar una buena impresión. Lo puede hacer mediante la forma de caminar, una sonrisa o una mirada, a través de la ropa o las palabras que salen de su boca. Si pierde esos treinta segundos para causar una buena impresión, probablemente no tendrá una segunda oportunidad.

También nos comunicamos a través del sistema sensorial, o sea nuestra capacidad de ver, mirar, imaginar, etc. Es una comunicación visual, mediante los colores: lo que es claro y lo que es oscuro. Ochenta y cinco por ciento de lo que entra al sistema sensorial viene por la vista. Los que disfrutamos de la bendición de poder mirar y ver, estamos siendo bombardeados con millones de anuncios de periódicos, carteles y televisión. Esa es una forma de comunicación.

Otra forma de comunicación es la auditiva. Recibimos muchísima información mediante el oído. A veces los ruidos son tan fuertes que afectan nuestros tímpanos y nos hacen sentir incómodos. Pero también hay otros sonidos, como la música bonita y suave, que nos comunican paz.

Como seres humanos, constantemente estamos comunicando o recibiendo alguna comunicación. Un aspecto vi-

tal de la comunicación es la capacidad de escuchar. Cuando usted está compartiendo algunos momentos con una persona es muy importante que escuche lo que le dice esa persona y que también recuerde lo que le dice. Debemos escuchar con atención y debemos tener la capacidad de despertar interés con los ojos. Hay que mirar a la persona, prestar atención, dar confianza.

No juzgue a las personas por las apariencias.

Es importante que usted practique esto porque a las personas, por lo general, les fascina que las escuchen. Les gusta que les preste atención. Usted presta atención mirándole a los ojos a una persona y confirmando que sí entiende lo que le está diciendo. Escuche con atención y concéntrese en lo que la persona le está comunicando; pero no se convierta en juez.

No juzgue a las personas por las apariencias. Muchas veces no nos gusta el color del cabello o la ropa de una persona y, por eso, inconscientemente, la rechazamos. Otros perciben eso. Si queremos tener una personalidad magnética, tenemos que aceptar a la persona como es, tenemos que ser transparentes y saber compartir nuestro tiempo.

Al conversar con alguien, es importante que usted resuma lo que la otra persona le dice. Clarifique lo que le está diciendo. Recomiendo que diga: «Lo que usted quiere decir es esto . . . Lo entiendo perfectamente. Déjeme consultarlo y le doy una llamada. Voy a hacer la evaluación e inmediatamente me comunico con usted.»

¿Tiene usted una personalidad magnética? Revise sus actitudes. Haga un autoexamen usando las preguntas y la información que sigue. Está basada en el modelo de una persona con actitudes positivas y el objetivo es ayudarle a usted a fortalecerse.

Haga una lista de las actitudes positivas que usted tiene. Siempre recomiendo que se haga la lista de las cosas positivas que uno tiene y también de las cosas que no son del completo agrado.

¿Le gusta su persona? Yo estoy bastante satisfecho conmigo mismo. He ido mejorando con los años, puliéndome, identificando mis debilidades; pero estoy satisfecho con mi persona. Creo que todavía tengo que mejorar, pero es un proceso de crecimiento.

¿Da lo mejor de lo suyo en el trabajo? ¿Hace usted el mejor esfuerzo posible en la labor que está realizando y en los proyectos en los que está involucrado? Los estudios dicen que muchos no dan ni diez por ciento de sus talentos y capacidades para resolver los problemas que tienen en la empresa, en el negocio o en otro sitio de trabajo. Es importante que usted revise si está dando lo mejor de lo suyo en el trabajo.

¿Tiene metas y se esfuerza para lograrlas? ¿Cuáles son sus metas para los próximos dos mil días? ¿Cuáles son sus metas en los aspectos físico, social y cultural? ¿Qué aspira en el aspecto familiar y económico? ¿Cuál es la contribución que quiere hacer a la comunidad y a su país? Identifique cuáles son sus metas, porque las metas dan significado a la vida y cargan la batería para seguir adelante.

¿Sabe diferenciar entre los problemas y las oportunidades? Muchas veces las personas que tienen problemas se concentran en los problemas, se desenfocan y no ven soluciones. Los problemas pueden ser oportunidades. Hay que evaluar si realmente son problemas u oportunidades.

¿Está usted dispuesto a aprender? ¿Le satisfacen las oportunidades que se le ofrecen para aprender? ¿Le gusta escuchar, estudiar, leer y analizar? ¿Está dispuesto a escuchar o sencillamente si no está de acuerdo con la idea cierra los canales de comunicación y dice: «Lo siento mucho, pero ya tengo mi punto de vista y no lo voy a cambiar»? Muchos tenemos prejuicios y opiniones preconcebidas y no estamos abiertos a ver otros puntos de vista. Eso nos afecta negativamente.

¿Sabe usted tomar riesgos? Muchos tememos fracasar, nos intimida el qué dirán y no queremos tomar riesgos. No queremos cambiar la vida por no arriesgarnos. Pues mire,

«de los cobardes no se ha escrito nada». Yo digo que cuando hay muy poco que perder y mucho que ganar, hay que intentarlo. ¿Cuál es su actitud en cuanto a tomar riesgos?

¿Sabe controlar sus sentimientos? ¿Se le hace difícil controlar sus emociones? ¿Se incomoda a menudo? ¿Reacciona violentamente ante cualquier comentario? ¿Está usted usualmente de buen humor o está molesto e irritado? Es importante que sepa que por cada minuto negativo que usted pase necesita once minutos positivos para volver a la normalidad.

¿Está disfrutando de la vida? Ningún día que usted vive se repite. El día de hoy no se va a repetir. Volverá a ser lunes; pero ya será de otra semana, de otro mes, de otro año. Dios nos dio la vida para disfrutarla. ¿Está usted disfrutando de su vida, de su familia y de su trabajo? ¿Se siente contento y puede disfrutar de las decisiones que tiene que tomar? ¿Se siente feliz?

Si ha contestado afirmativamente a estas preguntas usted tiene una buena actitud. Si no las puede contestar afirmativamente, comience a tomar nota hoy de las cosas que tiene que mejorar para fortalecer su personalidad.

Le recomiendo que se prepare más. Usted puede ampliar sus conocimientos de muchas maneras. Suscríbase a revistas de su interés y lea libros para enriquecer sus conocimientos. Lea por lo menos un libro al mes. ¿Un libro al mes? Si, un libro cada treinta días porque es una forma de enriquecerse y cargar las baterías.

Tal vez al principio necesite tres meses para leer un libro. Puede ser que en el primer año lea solo tres o cuatro libros. No desespere, sino siga leyendo. Enriquecerá su vocabulario de una forma extraordinaria y, a la vez, enriquecerá sus conocimientos. Puede ser que usted lea dos o tres libros simultáneamente, como en mi caso.

Participe en conferencias y seminarios. Encuentre a personas especializadas en el tema que usted quiere mejorar. Trátese del aspecto económico, las relaciones humanas, la administración del tiempo, asuntos de gerencia o

comunicaciones, existen expertos que tienen programas ya establecidos a los cuales usted puede asistir para mejorar sus conocimientos.

Escuche casetes que le ayuden a expandir su visión. Recuerde que usted al escuchar aprende cinco veces más rápido que si estuviera leyendo. Por lo tanto, si usted asiste a conferencias, adquiera casetes sobre esas conferencias y escúchelos varias veces. Los mensajes quedarán grabados en su subconsciente y usted podrá practicarlos y comunicarlos. Júntese con los que tengan un enfoque positivo porque si se junta con los de enfoque negativo se producirán resultados negativos.

Además, usted debe ser celoso y proteger su salud mental y la calidad de sus pensamientos. Las personas que lo rodean deben ser positivas. Fíjese con quién está compartiendo su tiempo. No vaya a ser que sean personas que le estén quitando el gozo y la alegría de vivir, crecer y desarrollar.

Finalmente, establezca una buena relación con Dios. Tal vez usted se pregunta por qué hablo de Dios en todo esto. Pues, así como tenemos necesidades físicas también tenemos necesidades espirituales.

Las necesidades físicas las resolvemos comiendo un plato de arroz y habichuelas o una hamburguesa y un refresco. Dormimos para cargar las baterías y nos levantamos al siguiente día con energías para seguir luchando.

Aparte de lo físico, está lo emocional. Las necesidades emocionales las satisfacemos al sentirnos amados y aceptados.

Las necesidades espirituales también tienen su importancia. Si no satisfacemos esas necesidades, no podemos tener un equilibrio en los aspectos emocional y físico. La Biblia dice que Dios puso eternidad en el corazón del hombre. Usted no quedará plenamente satisfecho hasta tener íntima comunión con Dios.

Usted no podrá tener una personalidad magnética, una personalidad que hace impacto, hasta que no tenga una

buena relación con Dios. El desarrollo en el campo espiritual le da un equilibrio emocional, y el equilibrio emocional le da un equilibrio físico.

Usted no podrá tener una personalidad magnética, una personalidad que hace impacto, hasta que no tenga una buena relación con Dios.

Estas reglas del juego no son invención mía. Están escritas en la Biblia y las he puesto a prueba durante más de veinte años. Conozco a muchísimas personas que también las han puesto a prueba y que las implementan a diario. Esas personas son ricas en calidad de vida, en actitudes, en pensamientos.

Evalúe su condición espiritual y todos los demás aspectos de su vida. Debemos evaluarnos diaria, semanal, mensual y anualmente. Cada día dedique diez minutos a la evaluación. Controle su calendario de trabajo y su lista de tareas para el día y evalúe en qué invirtió su tiempo. ¿Lo invirtió en cosas importantes? ¿en cosas urgentes que había que hacer hoy? ¿Lo invirtió en cosas vitales para el desarrollo de su vida?

Si usted revisa su calendario todos los días, pronto se dará cuenta de los aspectos en los cuales está desperdiciando el tiempo. Tendrá presente con qué tipo de personas está vinculado y cuáles son los proyectos que está desarrollando. Verá los asuntos que van quedando atrás y notará si se está desenfocando.

Además de la evaluación diaria, debe dedicar tiempo todas las semanas —preferiblemente durante el fin de semana— para ver si está alcanzando los objetivos que se ha propuesto. Necesita enfocar su atención en los objetivos de la próxima semana porque eso le dará una dinámica de dirección y movimiento. Y a otros les encanta trabajar con personas que están ocupadas, que saben lo que están haciendo y que llevan a cabo sus objetivos.

También hay que evaluarse mensualmente para ver cuáles fueron los logros durante el mes. Hay que definir

cuál es el plan de acción para el mes siguiente. A los tres meses, debe revisar con su equipo de trabajo y con su familia cuáles fueron los logros durante esos tres meses. Pregúntese: «¿Qué aspecto no es perfecto todavía? ¿Qué necesita mejorar? ¿Cuál debe ser el plan de trabajo para los próximos tres meses?»

Tanto en el trabajo como en el hogar hay que tener una visión en común. Debe definirse hacia dónde se dirige la empresa o la familia. Al hacer la evaluación, éstas son buenas preguntas:

- ¿Hacia dónde nos dirigimos?
- ¿Cuáles son los proyectos que hay que realizar?
- ¿Cuáles son los obstáculos que hay que identificar anticipadamente para no caer en crisis?
- ¿Cuál es nuestro presupuesto?
- ¿Quiénes tendrán vacaciones?
- ¿Cuáles son las tareas importantes que hay que cumplir?
- ¿A quién vamos a recibir en nuestra casa durante el próximo mes?

Cuando usted empieza a identificar trimestralmente lo que está sucediendo, va ampliando su visión de las cosas que hay que realizar. Le aseguro que el planificar anticipadamente le va a producir confianza y seguridad.

También hay que evaluarse semestralmente. Cada seis meses tomo vacaciones y dedico unos días para evaluarme. También hacemos una evaluación en familia. Mi esposa, mis hijos y yo hacemos juntos una evaluación. Nos preguntamos:

- ¿Cómo están las cosas en casa?
- ¿Qué cosas no son perfectas todavía?
- ¿En qué aspectos podemos mejorar?
- ¿Cómo están las notas de los niños en la escuela?
- ¿Cómo vamos con la dieta?
- ¿Estamos haciendo ejercicios debidamente?

- ¿Cómo estamos en la parte espiritual?
- ¿Cómo estamos en la parte cultural y social?
- ¿Cómo está nuestra condición física?

Al evaluarnos y revisar dónde estamos y hacia dónde vamos, sentimos que somos un equipo. Eso nos hace sentir unidos, con los mismos objetivos y con una misma visión. Esa unidad de propósito produce fortaleza, paz y gozo.

Finalmente, cada vez que termina el año, hay que resumir lo que pasó durante el año. Hay que ver cuáles fueron los logros, lo más lindo que pasó ese año y qué fue lo que revolucionó la vida. Hay que fijarse en lo que todavía no es perfecto y lo que hay que mejorar para el próximo año.

La evaluación le ayuda a desarrollar su visión y contribuye a que tenga una personalidad magnética. Cuando usted sabe en qué dirección va y tiene una visión clara, usted comunica eso en su forma de comportarse, en su forma de caminar y en su forma de reaccionar emocionalmente. De esa manera puede motivar a otros.

Una vez que usted sepa comunicarse con los demás —escuchar, conversar, entender— y sepa ser humilde pero a la misma vez mantener su posición, tendrá una personalidad magnética. Usted ya tiene esa personalidad, aunque tal vez sea como un gigante dormido dentro de usted que quiere salir. ¡Déle oportunidad de salir!

12

AL COMIENZO DE UN NUEVO SIGLO

Estamos en la recta final. Pero antes de despedirme de usted quiero darle algunas herramientas más para que pueda cargar las baterías. Mi objetivo es ayudarle a reorganizar su vida para un nuevo comienzo. Hoy puede ser el primer día de su nueva vida. Lo único que se requiere es que usted crea que así es.

Debe tener una expectativa positiva para cambiar su estilo de vida. ¿Recuerda cuando era niño y quería un regalo? Usted tenía una expectativa positiva al esperar ese regalo, ¿no es así? ¿Recuerda cuando esperaba la llegada de un familiar muy querido? ¿O cuando esperaba que lo llevaran a pasear? Parece que con el transcurso de los años esas expectativas positivas se van muriendo y se van desarrollando factores negativos que nos roban la capacidad de tener una expectativa positiva.

Ya le he recomendado que tenga un enfoque positivo al levantarse en la mañana. Condicione positivamente a su sistema nervioso; enfoque su atención en las cosas positivas y podrá pasar un buen día, aunque tenga que enfrentar circunstancias adversas.

Un elemento importantísimo para que pueda reorganizar su vida es el entusiasmo. Los griegos definen el entusiasmo como «tener a Dios dentro de nosotros». El entu-

siasmo comienza con un deseo ardiente; por ejemplo, cuando usted desea algo desesperadamente y está dispuesto a pagar el precio y a trabajar cualquier cantidad de horas para conseguirlo. Ese deseo ardiente produce entusiasmo.

También son importantes los conocimientos. Debe saber cómo se hace cierta cosa y, si no lo sabe, debe averiguar cómo hacerlo o buscar quien le ayude. El conocimiento, junto con el interés, lo llevarán hacia el logro de sus metas.

Me fascina pasar tiempo con los niños, porque no hay nada más extraordinario que disfrutar del entusiasmo de ellos. Cuando mis hijos eran pequeños, Papá Noel los visitaba y les traía juguetes. Nunca olvidaré con qué entusiasmo abrían los paquetes. Había alegría y expectativa. ¿Sabe una cosa? Ese entusiasmo se pierde con los años. Me gustaría que usted buscara dentro de sí la frescura de un niño y empezara a visualizar la vida que desea llevar.

La visualización es el puente entre el presente y el futuro. La visualización es la capacidad de ver lo que vamos a realizar. La visualización es la capacidad de identificar los obstáculos anticipadamente para pavimentar el camino y llegar a esos sueños que tenemos derecho a conquistar.

Si usted no está disfrutando de la vida como deseara hacerlo, sencillamente tiene que reorganizar su estrategia y establecer un compromiso para un nuevo comienzo. Pero para ese nuevo comienzo tiene que definir en qué persona se quiere convertir.

Si quiere producir un cambio profundo en su vida, tiene que tomar una decisión. Tiene que comprometerse a lograr sus objetivos y a descartar cualquier posibilidad de derrota

> *Si usted no está disfrutando de la vida como deseara hacerlo, sencillamente tiene que reorganizar su estrategia y establecer un compromiso para un nuevo comienzo.*

o de desviarse en otro asunto que no sea lo que quiere alcanzar.

Si usted quiere convertirse en otra persona tiene que evaluar cada aspecto de su vida. En lo físico tiene que decidir qué actividad le gustaría realizar. Puede ser correr, caminar, montar bicicleta, practicar un deporte o cualquier otro ejercicio. Quizá desea mejorar su salud, reducir su peso o controlar sus tensiones. Debe hacerse un chequeo físico y luego tomar acción para llevar a cabo los cambios necesarios.

También es importante su estado emocional. Tiene que aprender a relajarse, meditar, orar. Debe saber controlar sus sentimientos y perdonar. Cuando le vienen pensamientos negativos o cuando tiene que enfrentar situaciones difíciles debe enfocar su atención en lo positivo. Cuando se libran esas batallas emocionales dentro de usted que le roban el sueño, ¿cómo puede vencer? Con determinación, confianza y fe.

La imagen personal es muy importante. Hay colores que realzan su personalidad. Descubra cuáles son esos colores y úselos. Póngase ropa que le quede bien y use un perfume agradable. Todo eso contribuirá a producir cambios positivos.

¿Quiere tener más energía? ¿Desea sentirse motivado, entusiasta y vigoroso? Usted puede generar esa energía positiva en solo diez segundos si solicita refuerzos de su sistema nervioso. Concéntrese en lo positivo y verá los buenos resultados que tendrá.

En el aspecto educativo, ¿qué le gustaría estudiar? ¿Desea ampliar sus conocimientos en el campo de las relaciones humanas? ¿Le gustaría aprender otro idioma? Haga lo posible por seguir educándose.

¿Cómo le va en el aspecto familiar? ¿Hay buena comunicación entre los miembros de su familia? ¿Tiene usted el apoyo de su esposo o de su esposa en los proyectos que realiza? ¿Les dedica tiempo a sus hijos? ¿Participa en la educa-

ción de ellos? ¿Tiene establecido un programa de metas para la familia? ¿Trabajan juntos para lograr esas metas?

En el aspecto espiritual, ¿cómo está su relación con Dios? ¿Cómo es su visión de la vida? Es importante que usted defina cuáles son sus metas, porque no podrá hacer nada hasta que no tenga una visión clara de su vida. No podrá producir cambios si no sabe hacia dónde quiere ir.

Cuando defina los objetivos debe clasificarlos. Clasifíquelos en relación a su trabajo y a su familia, y según los aspectos social, cultural, profesional y económico. Haga un inventario de las cosas positivas que usted posee y de las que desea mejorar.

Tenga a mano un papel y trace una línea por el medio. Anote en una columna las cosas positivas que ve en su familia y en la otra columna las cosas que deben mejorar. Tome otro papel y trace también una linea por el medio. Anote allí las cosas positivas en su vida profesional y también las cosas que tiene que mejorar. Y haga lo mismo en lo referente al aspecto económico.

Cuando usted se evalúa y hace un inventario de las cosas positivas que posee y las que debe mejorar, es como si se tomara una radiografía. Usted puede ver su situación actual y definir en qué persona se quiere convertir. Y sabrá cuáles son los cambios que debe realizar para convertirse en la persona que desea ser.

Es muy importante que usted establezca un plan de acción para este año y para los próximos cinco años. ¿Qué quiere lograr en la vida? ¿Qué será en los próximos cinco años? ¿En qué se va a convertir? ¿Qué poseerá y de cuánto valor será su vida? ¿Qué valor se da usted a sí mismo? Si usted no se sabe valorizar nadie lo va a valorizar. Pero una vez que identifique eso, puede comenzar a poner por obra su plan de trabajo. Hay seis pasos que debe dar para lograr sus metas:

Escriba las metas que quiere alcanzar. Visualice exactamente lo que usted quiere realizar.

Establezca una fecha para cada meta. Decida si será dentro de tres meses, seis meses, un año o cinco años.

Visualice el proceso para alcanzar sus metas. Visualizar es ver lo que uno quiere lograr y darse cuenta por qué no lo tiene todavía.

Identifique anticipadamente los obstáculos. Atrévase a enfrentarse a su sueño e identifique lo que se está interponiendo en la consecución de sus metas.

Haga una campaña de afirmación. La afirmación le sirve de refuerzo. Diga: «Estoy mejorando mi calidad de vida. Soy un excelente padre; tengo una buena comunicación con mis hijos; estoy aumentando mis ingresos; estoy supliendo mis necesidades.» Las afirmaciones lo motivan a seguir luchando y alimentan la visualización del sueño que usted quiere realizar.

No pierda de vista sus metas. Siga en pie de lucha y no se dé por vencido. Tenga la confianza de que usted puede lograr las metas que se ha propuesto.

En mis viajes a distintas ciudades de los Estados Unidos, el Caribe y Latinoamérica he notado que uno de los factores que impiden que la gente produzca cambios es su situación económica. Muchos me dicen: «J.R., quiero cambiar. Yo sé que puedo; pero mis problemas económicos son muy grandes. Son tan difíciles que no puedo producir el cambio que deseo.» Les digo que no se preocupen porque miles de personas que han participado en mis seminarios sobre finanzas han cambiado su vida.

El problema es que no nos enseñaron a tomar decisiones económicas. Según las estadísticas, en los Estados Unidos cerca del cuarenta por ciento de las personas mayores de sesenta y cinco años no tienen los recursos necesarios para vivir, a pesar de que trabajaron de treinta a cuarenta años.

Hay muchos ancianos que trabajaron toda su vida; pero, lamentablemente, no planificaron sus asuntos económicos. Tengo unas preguntas sencillas para usted: «¿Cuánto dinero

ha ganado en la última década? ¿Dónde está ese dinero? ¿Qué ha hecho con el dinero? ¿Lo tiene en el banco?»

El censo federal de los Estados Unidos dice que los hispanos en este país somos más pobres que en los años ochenta y que seremos mucho más pobres para el año dos mil. ¿Por qué? Porque no se nos ha enseñado a administrar el dinero. Tenemos miedo a ese tema; nos han acondicionado a pensar que ese tema es para gente que ha estudiado mucho.

La información económica ha estado guardada para los bancos, las compañías de inversiones y de seguros y los millonarios que pueden pagar a consultores que les den estrategias para que puedan aumentar aún más sus millones. Lamentablemente, la gran mayoría no ha sido enseñada a rehabilitar su economía. Eso es importante porque la calidad de vida y el cambio tienen una relación directa con el desarrollo económico de una persona.

Para mejorar su estado económico, usted tiene que estar dispuesto a aprender, a estudiar, a buscar ayuda y a identificar un plan de acción. Necesita reducir sus costos operacionales, lo cual le puede parecer complicado; pero no es muy complicado.

Digamos que usted va a comprar una nevera a una tienda. Inmediatamente ve que esa nevera es extraordinaria, que tiene dos años de garantía y que cuesta mil dólares. El vendedor le ofrece un plan de financiamiento y le dice que solo tiene que pagar cincuenta dólares al mes; pero no le dice que le van a incluir un seguro de crédito. Ese seguro es para que si usted se muere, la nevera quede pagada, como si usted necesitara una nevera en el cielo. También le ofrecen un seguro de garantía extendida. Eso significa que usted estará pagando desde hoy el seguro pero no lo podrá utilizar hasta que no pase la garantía que ofrece la fábrica. Ese es un seguro que usted en realidad no necesita.

Hablemos ahora de los seguros de automóvil. Revise la póliza y vea que incluye un sinnúmero de cosas que no se necesitan. Muchas veces incluye hasta gastos médicos. Si

usted tiene un plan de seguro médico no necesita eso. Las compañías incluyen muchas cosas que no son indispensables, cosas que la ley no requiere y que a usted le salen costando miles de dólares.

Cuando usted compra una hipoteca, regularmente por cada cincuenta mil dólares que pide prestados a treinta años, tiene que pagar ochenta mil dólares en intereses. La casa que usted compre le costará más del doble con los intereses.

Las tarjetas de crédito son muy engañadoras. Si no las usa con prudencia usted se endeudará tanto que no le será posible pagar su deuda. Digamos que usted hace el pago mínimo en una tarjeta. ¿Sabe qué? Si su deuda es grande, lo único que está haciendo es pagar los intereses. Nunca se va a deshacer de su deuda. Esas tarjetas son las fábricas para hacer dinero de las instituciones financieras.

Le voy a poner también el ejemplo de la compra de un automóvil. Usted va a comprar un automóvil y piensa que es algo extraordinario. ¡Lo felicito! Los psiquiatras dicen que tener un auto nuevo es algo extraordinario; que revitaliza. Con su auto nuevo parece que ha ganado nuevas energías y se levanta muy contento cada mañana. Pero a los dos años usted quiere cambiar su auto. En el mercado el auto ha perdido un cincuenta por ciento de su valor; pero usted todavía debe gran cantidad. ¿Por qué tiene que comprarse un auto nuevo? Compre uno usado y deje que la depreciación la pague otro.

Usted tiene que abrir los ojos si realmente quiere producir un cambio en su vida. Y ese cambio tiene que incluir su desarrollo en el aspecto económico. Y para que no se quede sin nada en la vejez, empiece a desarrollar su programa de retiro. Miles de hispanos que se están jubilando hoy no tienen los recursos económicos para disfrutar de los últimos años de su vida.

Si desea tener una casa propia, empiece a prepararse económicamente para conseguir su casa. Verifique qué ayudas están dando las instituciones financieras y lo que ofrece el gobierno para que las personas de bajos recursos

puedan tener su propia casa. Si usted tiene una propiedad está capitalizando; está usando el dinero de una institución para poder crear riquezas.

También es importante que usted aprenda a conocer el mundo de las inversiones. ¿Dónde puede duplicar su dinero? No se puede duplicar el dinero poniéndolo en el banco. Allí pagan muy poco interés. Con los intereses de hoy tomaría veintiséis años convertir mil dólares en dos mil dólares. Averigüe dónde están invirtiendo las personas de éxito e invierta usted también en esas corporaciones. Identifique las reglas de juego para que pueda ampliar sus recursos económicos.

Tal vez usted ha pagado un precio muy alto por falta de conocimiento y por falta de planificación. Hay miles de personas que llegan hasta la quiebra por no haber reorganizado y planificado su economía. ¿Le ha costado miles de dólares el no establecer su estrategia? No se sienta mal, porque hay muchas otras personas que han pagado ese mismo precio, que han sido víctimas de instituciones financieras. Los secretos para el buen manejo del dinero han estado guardados y no han llegado a las escuelas y las universidades.

Deseo ayudarle a producir un cambio profundo. Tal vez lo que usted tiene que hacer para aumentar sus ingresos es establecer un pequeño negocio. Analice qué habilidad tiene que puede desarrollar y dónde puede vender su talento. Puede ser un negocio de distribución directa, como de productos de belleza. O, si tiene recursos económicos, puede montar un negocio. Las personas que conozco que han tenido éxito son las que se han lanzado a abrir un negocio. Hay muchas ventajas de tener su propio negocio.

Empiece a analizar cómo usted pudiera desarrollar su propio negocio. No necesita miles de dólares para eso. Lo que necesita es el compromiso de producir el cambio y de identificar una oportunidad. Nuestra compañía está disponible para ayudarle. Si quiere recibir más información so-

bre cómo mejorar su economía, me puede llamar por teléfono o escribirme.

Pida información porque hay que educarse. No podemos seguir pagando el precio de la ignorancia económica. Eso nos está llevando a una frustración, a una desilusión en la vida. Yo estoy comprometido a identificar los recursos disponibles para ponerlos a la disposición de nuestra gente.

Vamos rumbo al siglo veintiuno. Entremos al nuevo siglo comprometidos a convertirnos en las personas que aspiramos ser, comprometidos a realizar nuestros sueños. Decidamos producir los cambios necesarios para convertirnos en personas optimistas y entusiastas; personas dispuestas a seguir en pie de lucha y en victoria.

Tel. (407) 294-9038
P.O. Box 617221
Orlando, FL 32861

RECONOCIMIENTOS

Este trabajo es el producto de muchas experiencias que comenzaron en la década de los años ochenta al visitar empresas, agencias de gobierno, escuelas, iglesias y cárceles. Pude llevar el mensaje a cientos de miles de personas de que «somos los arquitectos y los diseñadores de nuestra vida». Nuestro futuro es el resultado de las decisiones que tomamos hoy, y lo que somos hoy es el resultado de las decisiones que tomamos en el pasado.

Esta obra culmina en la década del noventa, después de varios años de visitar más de treinta ciudades anualmente y de dar conferencias a hispanos de diferentes nacionalidades, de todos los niveles sociales y con disversas creencias, pero con un mismo sueño de pavimentar el camino para que las próximas generaciones puedan disfrutar una calidad de vida como ciudadanos de primera categoría.

Doy gracias a los cientos de personas que me respaldaron en este proyecto. Tengo un sentido de gratitud por el apoyo que nos dio nuestra gente, en especial mi esposa Candy y mis hijos José y Pablo. Les agradezco por respaldarme en mi trabajo, en mis viajes y en mis compromisos fuera del hogar.

A todos los participantes de mis seminarios: Ustedes pidieron que mi mensaje se publicara y he cumplido la misión.

Quiero agradecer a Editorial Vida, a su equipo de edición y producción que atendió mi petición y trabajó con entusiasmo y dedicación para que se publicara esta obra en edición bilingüe.

Por último, quiero dar gracias a Dios por darme la sabiduría, la visión y la vocación de servir a nuestra gente.